Manuel Capelo, Víctor González
and Francisco Lara

Cambridge IGCSE™
Spanish as a Foreign Language

Teacher's Book

CAMBRIDGE
UNIVERSITY PRESS

CAMBRIDGE
UNIVERSITY PRESS

University Printing House, Cambridge CB2 8BS, United Kingdom

One Liberty Plaza, 20th Floor, New York, NY 10006, USA

477 Williamstown Road, Port Melbourne, VIC 3207, Australia

314–321, 3rd Floor, Plot 3, Splendor Forum, Jasola District Centre, New Delhi – 110025, India

79 Anson Road, #06 -04/06, Singapore 079906

Cambridge University Press is part of the University of Cambridge.

It furthers the University's mission by disseminating knowledge in the pursuit of education, learning and research at the highest international levels of excellence.

www.cambridge.org
Information on this title: www.cambridge.org/9781108609845

© Cambridge University Press 2019

This publication is in copyright. Subject to statutory exception and to the provisions of relevant collective licensing agreements, no reproduction of any part may take place without the written permission of Cambridge University Press.

First published 2017
Current edition 2019
20 19 18 17 16 15 14 13 12 11 10 9 8 7 6 5 4 3 2 1

Printed in Great Britain by CPI Group (UK) Ltd, Croydon CR0 4YY.

A catalogue record for this publication is available from the British Library

ISBN 978-1-108-60984-5 Paperback

Cambridge University Press has no responsibility for the persistence or accuracy of URLs for external or third-party internet websites referred to in this publication, and does not guarantee that any content on such websites is, or will remain, accurate or appropriate. Information regarding prices, travel timetables, and other factual information given in this work is correct at the time of first printing but Cambridge University Press does not guarantee the accuracy of such information thereafter.

All exam-style questions and sample answers in this title were written by the authors. In examinations, the way marks are awarded may be different.

NOTICE TO TEACHERS IN THE UK

It is illegal to reproduce any part of this work in material form (including photocopying and electronic storage) except under the following circumstances:

(i) where you are abiding by a licence granted to your school or institution by the Copyright Licensing Agency;

(ii) where no such licence exists, or where you wish to exceed the terms of a licence, and you have gained the written permission of Cambridge University Press;

(iii) where you are allowed to reproduce without permission under the provisions of Chapter 3 of the Copyright, Designs and Patents Act 1988, which covers, for example, the reproduction of short passages within certain types of educational anthology and reproduction for the purposes of setting examination questions.

Contenidos

Unidad 1: Mi mundo **7**
1.1 Yo y mis cosas 7
1.2 Mi día a día 10
1.3 Mascotas y aficiones 14
1.4 Mi casa y mi ciudad 18
1.5 Mi instituto, mi clase y mis profesores 24
1.6 Me gusta el deporte 27

Unidad 2: Vida personal y social **31**
2.1 Familia y amigos 31
2.2 Salir y divertirse – el ocio 35
2.3 Las compras 39
2.4 Fiestas y celebraciones 42
2.5 Comidas y bebidas – dieta saludable 45
2.6 El restaurante 49

Unidad 3: Mis vacaciones y viajes **54**
3.1 ¿Qué vacaciones prefieres? 54
3.2 Tu opinión sobre los medios de transporte 57
3.3 Tipos de alojamiento durante las vacaciones 61
3.4 ¿Qué se puede hacer durante las vacaciones? 64
3.5 ¿Qué tiempo hace? 67
3.6 Una pesadilla de vacaciones 71

Unidad 4: Mi mundo profesional **75**
4.1 Trabajos y profesiones 75
4.2 Planes de futuro 79
4.3 Estudios y carreras 83
4.4 La comunicación 86
4.5 Entrevistas de trabajo 91
4.6 El dinero y el trabajo 95

Unidad 5: El mundo que nos rodea **100**
5.1 El estado del planeta 100
5.2 Recursos naturales 103
5.3 Los problemas de mi ciudad 106
5.4 Cuidemos el medio ambiente 110

Unidad 6: Nuestro mundo **114**
6.1 La vida en otros países 114
6.2 Comida, tradiciones y costumbres 118
6.3 Redes sociales y tecnología 121
6.4 El mundo internacional 125

Soluciones del libro de actividades **130**

Introducción

Este libro y su enfoque pedagógico tienen dos objetivos fundamentales. Por una parte, el manual pretende ayudar a los alumnos a desarrollar y consolidar sus conocimientos de español y sus competencias de base previamente adquiridas y por otra parte, preparar a los alumnos para sus exámenes, introduciendo de manera progresiva los temas, aspectos gramaticales y el vocabulario básico contenidos en el programa de Cambridge IGCSE de Spanish as a Foreign Language. Esta reedición del libro del alumno cubre los cambios más recientes del programa Cambridge IGCSE de Spanish as a Foreign Language.

El español es una lengua global con un número creciente de hablantes en todo el mundo y en este libro se intenta incluir una variedad tanto lingüística como cultural que permita a los jóvenes de hoy en día utilizar la lengua en un contexto global. Las secciones culturales del libro del alumno incluyen aspectos sociales y culturales del mundo hispánico, con especial énfasis en las costumbres, los nuevos retos de la sociedad actual y la forma de vida del siglo XXI.

Los textos utilizados en el libro del alumno y en el cuaderno de ejercicio presentan una variedad de estilos y registros para que los estudiantes se familiaricen con distintas variedades del español. De forma progresiva se introducen de igual manera textos auténticos recopilados de distintas fuentes que presentarán al alumno retos alcanzables pero de igual manera la motivación de ver que están leyendo y entendiendo español "de verdad".

El método pedagógico utilizado en el libro de texto ayuda a los alumnos a preparar en profundidad las distintas pruebas de sus exámenes. Algunas actividades y puntos gramaticales tienen un nivel de exigencia algo superior para motivar a los alumnos más avanzados. La metodología empleada en el libro permite a los alumnos seguir con sus estudios de español más allá del IGCSE, adquiriendo un nivel más que suficiente para continuar con sus estudios de español a un nivel superior. La enseñanza de una lengua requiere constancia y dedicación y en el libro del alumno se presta especial atención al repaso de temas estudiados en unidades anteriores así como a la progresión lógica incorporando estructuras gramaticales y vocabulario de nivel cada vez más complejo.

El libro del alumno presenta 6 unidades que cubren una amplia variedad de temas relevantes para los alumnos. Los temas están organizados por nivel de complejidad por lo que se recomienda que se estudien en el orden presentado. De esta forma el vocabulario y la gramática seguirán una progresión lógica que facilitará el aprendizaje de la lengua. Al final del libro del alumno se encuentran las listas de vocabulario. Están divididas en secciones correspondientes a las distintas unidades. Fomentan el aprendizaje al ofrecer a los alumnos palabras y expresiones clave.

El libro del alumno se complementa con un cuaderno de ejercicios que se puede utilizar tanto en clase como para deberes. Este cuaderno cubre toda la gramática y temas de vocabulario del libro del alumno y es un elemento clave para consolidar el aprendizaje de la lengua. Este cuaderno de ejercicios se puede utilizar según se estudian los temas o como unidades de repaso una vez se hayan acabado las unidades.

Para facilitar la utilización de los tres libros del método (libro del alumno, cuaderno de ejercicios y libro del profesor) se utilizan los siguientes símbolos en todas las actividades:

- Trabajo oral
- Ejercicio de escucha
- Trabajo escrito
- Comprensión escrita.

El **libro del profesor** contiene los siguientes elementos:

- Respuestas a todos los ejercicios (tanto del libro del alumno como del cuaderno de ejercicios)
- Transcripción de todos los archivos de audio utilizados en los ejercicios de comprensión auditiva
- Consejos para la realización de todas las actividades del libro del alumno
- Sugerencias para adaptaciones curriculares y diferenciación en caso de utilización con clases de niveles mixtos
- Sugerencias de actividades complementarias

La edición digital en **Cambridge Elevate** ofrece los siguientes recursos indicados con el símbolo:

- Las pistas de audio correspondientes a los ejercicios de comprensión auditiva
- Las transcripciones de las pistas de audio
- Las fichas de trabajo que dan apoyo a los ejercicios de comprensión auditiva, expresión escrita y repaso. Los iconos sugieren con qué actividades pueden usarse aunque el profesor puede usarlas de forma libre.

Bienvenido a aprender español

Respuestas

Actividad 1
- México es el país con más hablantes de español (más de 120 millones). El segundo país es Estados Unidos con aproximadamente 50 millones de hablantes aunque es español no sea lengua oficial en este país.
  - Árabe: azúcar, almohada, zanahoria, barrio...
  - Francés: bebé, bata acaparar, batalla, bricolaje, aerosol...
  - Italiano: carnaval, piano, chaleco, salchicha...
  - Náhuatl: aguacate, cacahuete, chocolate, chicle...
  - Quechua: llama (animal), mate (bebida), puma...
- Unión Europea, Unión Africana, FIFA, Tratado Antártico...
- Filipino, Galego, Quechua, Aymara, Guaraní...
- Sólo se usan de forma obligatoria en español.
  - Aymara: Bolivia, Perú y Chile
  - Catalán: España, Andorra, Francia y Italia
  - Gallego: España
  - Guaraní: Paraguay, Argentina, Bolivia y Brasil
  - Quechua: Perú, Ecuador, Bolivia, Argentina y Colombia
  - Shuar: Ecuador y Perú
  - Euskera: España y Francia

Actividad 2
Respuestas abiertas

Actividad 3
1	c	8	r	15	g
2	i	9	k	16	a
3	s	10	e	17	j
4	b	11	l	18	q
5	p	12	u	19	t
6	h	13	f	20	n
7	o	14	m	21	d

Actividad 4
1. México
2. Guatemala
3. El Salvador
4. Costa Rica
5. Panamá
6. Ecuador
7. Perú
8. Chile
9. Argentina
10. Uruguay
11. Paraguay
12. Bolivia
13. Colombia
14. Venezuela
15. Puerto Rico
16. República Dominicana

Actividad 5
1. México
2. Ecuador
3. El Salvador
4. Guinea Ecuatorial
5. Chile
6. Paraguay
7. Uruguay
8. Perú
9. Honduras
10. Panamá
11. Argentina
12. Bolivia
13. Puerto Rico
14. España
15. Cuba
16. Costa Rica
17. Colombia
18. Guatemala
19. Nicaragua
20. Venezuela

Actividad 6
a. Verdadero
b. Falso
c. Falso
d. Verdadero
e. Verdadero

Actividad 7
Respuestas abiertas

Unidad 1: Mi mundo

1.1 Yo y mis cosas

Objetivos

Vocabulario:
- Estructuras y preguntas básicas sobre la información personal
- Vocabulario en relación a la información básica de una persona: nombre, edad, nacionalidad, familia, estudios, profesión, aficiones, etc.

Gramática:
- Los pronombres interrogativos
- El abecedario

Competencias comunicativas:
- Preguntar y dar información básica sobre una persona
- Deletrear nombres, apellidos, direcciones de correo.

1 Presentación de estructuras para presentarse

Actividad preparatoria

Preséntese a sus alumnos y pregúnteles sus nombres. Puede hacerlo lanzando una pelota o haciendo pasar algún objeto divertido.

Desarrollo de la actividad

Diga a sus alumnos que relacionen las preguntas del cuestionario con el correspondiente tema y marquen los pronombres interrogativos.

Comente a sus alumnos que todos los pronombres interrogativos en español llevan tilde/acento y que las frases interrogativas llevan dos signos de interrogación.

ACTIVIDAD DE DIFERENCIACIÓN

Pida a los alumnos más aventajados que piensen en otros datos que consideren importantes sobre la información personal de una persona y que escriban una lista en sus cuadernos con las preguntas correspondientes.

Ejemplos: ¿Cómo se llaman tus padres?, ¿Tienes una mascota?, ¿Qué lenguas hablas?, etc.

Solución

1 C 2 E 3 G 4 D 5 B 6 B 7 F 8 A 9 C 10 B 11 E 12 A

Los cuadros en el libro del alumno

A lo largo del libro del alumno encontrará diferentes cuadros. Su objetivo será, o bien orientar a los alumnos en diferentes áreas de la lengua (vocabulario y/o gramática) que puedan ser especialmente difíciles o bien dar consejos prácticos para facilitar o reflexionar sobre el aprendizaje.

---

2 Comprensión lectora

Actividad preparatoria

Pida a los alumnos que tapen los textos de la actividad y que miren las fotos de los tres chicos. Pregúnteles cómo se imaginan que se llaman, sus nacionalidades, sus edades, sus familias.

Desarrollo de la actividad

Diga a sus alumnos que lean los textos y realicen el ejercicio. Recomiéndeles que usen el diccionario y trabajen de forma autónoma.

ACTIVIDAD DE DIFERENCIACIÓN

Para los alumnos menos aventajados, reduzca el número de tareas a realizar y pídales, por ejemplo, que realicen la actividad con solo uno (o dos) de los textos.

Para los alumnos aventajados, pídales que escriban en sus cuadernos más de información sobre los tres chicos o un texto similar sobre alguna persona que conozcan bien.

3 Expresión oral

Actividad preparatoria

Escriba en la pizarra algunas expresiones muy prácticas para poder realizar la actividad:

   A mí me parece que...
   Yo creo que ...
   Para mi gusto ...
   Porque ...
   Pero ...
   Sin embargo ...
   Lo que más/menos me gusta ...

Desarrollo de la actividad

Coménteles que hablen en parejas o en grupos sobre los tres chicos y que digan quién les parece más simpático según la información de sus descripciones.

Aunque todavía no tendrán muchos conocimientos para producir oralmente, anímelos a que hablen y a que argumenten.

> **ACTIVIDAD DE DIFERENCIACIÓN**
>
> Tenga siempre en cuenta las diferencias de nivel entre sus alumnos a la hora, por ejemplo, de organizar parejas y/o grupos. Puede organizar grupos en los que siempre haya un alumno de los menos avanzados o hacer grupos sólo con alumnos que tengan un nivel parecido.
>
> En grupos, según los criterios que considere, reparta fotos de algunos chicos y chicas de su edad y pídales que vayan describiéndolos de forma oral por turnos. Un alumno dirá una frase y el siguiente continuará con la descripción.
>
> En caso de que escuche algún error grave de pronunciación, corríjalos y hágales repetir. Haga especial hincapié en la entonación y la expresividad a la hora de leer un texto o expresarse oralmente.

4 Expresión escrita

Actividad preparatoria

Plantee a sus alumnos una actividad competitiva. Imprima o escriba los pronombres interrogativos en hojas de colores y vaya sacándolos uno a uno por turnos para que los alumnos hagan una pregunta de forma oral usando el pronombre.

Desarrollo de la actividad

Pida a sus alumnos que escriban una lista o esquema con preguntas para obtener la información básica de una persona. Deberán responderlas según su propia identidad.

> **ACTIVIDAD DE DIFERENCIACIÓN**
>
> Proponga a los alumnos más aventajados y/o más creativos que dibujen en sus cuadernos una historieta con monigotes o con personajes que hagan preguntas y las respondan.

5 Trabajo colaborativo

Actividad preparatoria

Pida voluntarios para que lean el abecedario en voz alta. Pregunte a sus alumnos lo siguiente:

¿Qué significa deletrear?
¿Hay diferencias y semejanzas entre el abecedario español y el de vuestra lengua?
¿Qué sonidos os parecen más difíciles en el abecedario español?

Desarrollo de la actividad

Diga a sus alumnos que lean las diferentes tareas y que las hagan.

Si su clase es numerosa y para hacerlo un poco más dinámico y motivador, haga dos grupos y una competición para ver qué grupo realiza cada actividad en menos tiempo.

> **ACTIVIDAD DE DIFERENCIACIÓN**
>
> Diga a sus alumnos más aventajados que trabajen con el abecedario y busquen una referencia fácil y clara para poder deletrear fácilmente. Dígales que lo compartan con el resto de alumnos.
>
> Ej: A de Alemania, B de Barcelona, C de Colombia, etc...

6 Comprensión auditiva

Actividad preparatoria

Pida a sus alumnos que escriban en sus cuadernos una lista con nombres y apellidos españoles que conozcan. Luego comprobarán si coinciden con los de sus compañeros.

Compruebe finalmente con sus alumnos cuáles son los nombres y apellidos que se han repetido más veces en las diferentes listas.

Desarrollo de la actividad

Indique a sus alumnos que van a escuchar una audición con tres mini diálogos para que completen la tabla con los correos electrónicos.

Ponga la audición tantas veces como considere necesario.

Cambridge IGCSE Spanish as a Foreign Language

ACTIVIDAD DE DIFERENCIACIÓN

Para seguir practicando el deletreo y el abecedario, pida a sus alumnos menos aventajados que, en parejas, deletreen nombres, apellidos y palabras en español para que su compañero/a adivinen de qué palabra se trata.

Solución

1. Roberto, Roberto@postmail.com
2. Pepe, Pepemar@telecom.es
3. Carmen, Carmen25@correo.com

Transcripción del audio: Pista 2

1

Voz 1: Hola. ¿Cuál es tu dirección de correo electrónico?

Roberto: Roberto@postmail.com R, O, B, E, R, T, O arroba P, O, S, T, M, A, I, L, punto, C, O, M

2

Pepe: Me llamo Pepe Martín Ruiz y mi correo electrónico es Pepemar@telecom.es

Voz 1: Perdona, ¿puedes deletrearlo?

Pepe: Sí, claro. P de Portugal, E de España, P de Portugal, E de España, M de Madrid, A de América, R de Roma, arroba, T de teléfono, E de España, L de Luxemburgo, E de España, C de Colombia, O de Oslo, M de Madrid, punto, E de España, S de Sevilla.

3

Voz 1: Hola Carmen. ¿Tienes una dirección de correo electrónico?

Carmen: Sí, es muy fácil. Carmen25@correo.com

---

7 Expresión oral y escrita

Actividad preparatoria

Diga a sus alumnos que tienen un minuto para hacer una lista con todas las preguntas que ya saben para conocer la información básica de una persona.

Compruebe quién ha escrito el mayor número de preguntas.

Desarrollo de la actividad

Pida a sus alumnos que copien la ficha del libro en sus cuadernos, se muevan por la clase y hagan las preguntas necesarias.

Recuérdeles que al mismo tiempo que preguntan deberán responder también a las preguntas de sus compañeros/as.

ACTIVIDAD DE DIFERENCIACIÓN

Para los alumnos menos aventajados, lleve a clase revistas del corazón y diga sus alumnos que busquen y recorten fotografías de personajes famosos de diferentes edades y nacionalidades. Los alumnos deberán elegir 2 fotos de personajes y, en parejas, hacerse preguntas para adivinar de qué personajes se trata.

Proponga a los alumnos más aventajados que busquen en internet vídeos/videoblogs en los que chicos de su edad se graban y presentan sus "mundos personales" (casa, amigos, familia, mascota, etc.).

Luego pídales que, con toda la información y el material aprendidos, graben con sus móviles o cámaras fotográficas digitales un vídeo de presentación para mostrar a toda la clase.

Apellidos y diminutivos

Información sobre los nombres y los dos apellidos, una diferencia cultural muy significativa en los países hispanohablantes.

Diga a sus alumnos que deletreen sus apellidos y pregúnteles si tienen un diminutivo.

Unidad 1

1.2 Mi día a día

Objetivos

Vocabulario:
- Las acciones habituales
- La rutina diaria
- Las tareas domésticas

Gramática:
- El presente de indicativo regular
- Los verbos reflexivos en presente
- La hora
- Las expresiones de frecuencia

Competencias comunicativas:
- Hablar y preguntar por la rutina diaria
- Preguntar y dar información horaria

1 Comprensión lectora

Actividad preparatoria

Pregunte a sus alumnos por el significado del título de la unidad, "Mi día a día".

Explique el significado de otras expresiones con la palabra "día" como "tener un buen/mal día", "tener un día de perros", "vivir el día a día", etc. y que podrían usarse en el contexto de esta unidad.

Desarrollo de la actividad

Diga a sus alumnos que, individualmente o en parejas, lean las frases y las relacionen con las fotos que aparecen en el ejercicio. Pueden usar el diccionario.

> **ACTIVIDAD DE DIFERENCIACIÓN**
>
> Proponga a sus alumnos menos aventajados un juego de mímica en grupo para que representen con gestos las actividades de la rutina diaria. Los demás deberán acertar de qué actividad se trata.
>
> Los alumnos más aventajados podrían ampliar el vocabulario de las acciones habituales y escribir una lista en sus cuadernos.

Solución
1 D 2 A 3 H 4 C 5 L 6 F 7 K 8 I 9 B 10 J 11 E 12 G

2 Expresión escrita

Actividad preparatoria

Pregunte a sus alumnos por el significado de algunos conectores y locuciones temporales como:

Por la mañana / por la tarde / por la noche

Luego / más tarde / a continuación

Después / antes de + infinitivo

Lleve a clase tarjetas con los verbos en infinitivo de la actividad anterior y diga a sus alumnos que los ordenen en orden cronológico.

Desarrollo de la actividad

Pida a sus alumnos que escriban una lista con sus propias actividades en primera persona (yo) durante un día de diario.

> **ACTIVIDAD DE DIFERENCIACIÓN**
>
> Para seguir practicando la conjugación, sugiera a los alumnos menos aventajados que escriban una lista de acciones habituales en tercera persona (él/ella/ellos/ellas) de sus padres, sus amigos y/o de uno de sus hermanos.
>
> A los alumnos más aventajados, dígales que escriban las listas y textos en tercera persona pero usando los conectores temporales.

3 Gramática

Actividad preparatoria

Pregunte a sus alumnos cuántos grupos verbales o conjugaciones existen en español (-ar, -er, -ir) y dígales que busquen un par de ejemplos de cada grupo.

Desarrollo de la actividad

Pida a sus alumnos que escriban en sus cuadernos una lista con todos los verbos de la actividad 1 en presente y al lado los infinitivos.

> **ACTIVIDAD DE DIFERENCIACIÓN**
>
> Diga a sus alumnos menos aventajados que en sus cuadernos conjuguen en presente todos los verbos de la actividad.
>
> A los alumnos más aventajados podría sugerirles que hicieran un póster didáctico sobre el presente que de forma original, clara y visual, plasme la conjugación de los verbos regulares, irregulares y reflexivos.

Cambridge IGCSE Spanish as a Foreign Language

Solución

Me pongo (ponerse)	Hago (hacer)
Doy (dar)	Me acuesto (acostarse)
Almuerzo (almorzar)	Leo (leer)
Acaban (acabar)	Me visto (vestirse)
Hago (hacer)	Me levanto (levantarse)
Desayuno (desayunar)	Veo (ver)
Me ducho (ducharse)	Voy (ir)
Llego (llegar)	Ceno (cenar)
Prepara (preparar)	

4 Comprensión lectora

Actividad preparatoria

Pregunte a sus alumnos si conocen las estrategias de lectura conocidas como "skimming" y "scanning" (lectura rápida y lectura específica).

Si no las conocen, explíqueles básicamente en qué consisten (la primera, lectura más superficial con la ayuda de elementos como títulos, subtítulos, tipografía, ilustraciones, etc. La segunda, más concentrada para encontrar una respuesta exacta con la ayuda de nombres, palabras claves, frases específicas, etc.) y pregunte a sus alumnos qué tipo de estrategia deberán usar para realizar esta actividad.

Desarrollo de la actividad

Explique a sus alumnos que van a leer una entrada de un blog y que deberán responder a una serie de preguntas.

> **ACTIVIDAD DE DIFERENCIACIÓN**
>
> Pida a los alumnos menos aventajados que marquen en el texto todas las palabras e informaciones claves que les han ayudado a realizar el ejercicio.

Solución

1. Porque le gusta mucho/le encanta dormir.
2. Le acompaña hasta su colegio/Va con ella hasta su colegio.
3. Hacen deporte en el instituto una vez a la semana.
4. Cuando llegan sus padres.
5. Jugar con la tableta en la cama.

5 Expresión escrita

Actividad preparatoria

Pregunte a sus alumnos si saben qué es un blog, para qué sirve y pregúnteles qué les parece el nombre del blog de Fer.

Desarrollo de la actividad

Explique a sus alumnos que la tarea será escribir un comentario para el blog "Frikinformático".

Remita a sus alumnos al cuadro sobre expresiones de frecuencia y recuérdeles que las usen al escribir sus comentarios.

> **ACTIVIDAD DE DIFERENCIACIÓN**
>
> Pida a sus alumnos más aventajados que, con la ayuda del diccionario, escriban en sus cuadernos otras expresiones de frecuencia.

Respuesta modelo

Hola Fer. Me gusta mucho tu blog.

Yo también me levanto muy temprano todos los días y voy al insti. Allí, ya sabes, de lunes a viernes estudiar y aprender. Pero después de las clases, generalmente algunos amigos y yo nos vamos al parque para jugar al fútbol o chatear con amigos con el móvil. A veces también hablamos entre nosotros.

Y luego, lo típico. Todas las tardes hago los deberes en casa y todas las noches ceno con mi familia.

Me acuesto sobre las 22 h. y la mayoría de las veces, si no estoy muy cansado, leo algún libro y me duermo.

6 Comprensión auditiva

Actividad preparatoria

Diga a doce de sus alumnos que se sienten en el suelo de la clase formando un círculo y ponga en el centro dos tiras de cartulinas (una más pequeña que la otra) a modo de manecillas del reloj. Cada uno de ellos representará las horas.

Diga una hora y los dos alumnos que estén colocados en las horas y los minutos correspondientes se levanten, coloquen las respectivas manecillas en el lugar correcto y se sienten de nuevo.

Si tiene pocos alumnos en clase puede pedirles que se pongan de pie y marquen las horas con sus brazos.

Desarrollo de la actividad
Haga la actividad y ponga la audición tantas veces como crea necesario.

> **ACTIVIDAD DE DIFERENCIACIÓN**
>
> Para seguir practicando con la hora, diga a sus alumnos menos aventajados que escriban en sus cuadernos las horas que marcan los relojes que aparecen ilustrados en el libro.
>
> Proponga a sus alumnos más aventajados un juego. Dígales que, en parejas, uno diga una hora y el otro dibuje un reloj con la hora dicha en un papel.

Transcripción del audio: Pista 3

Voz 1: Generalmente me acuesto a las 9 de la noche.

Voz 2: Desayuno muy temprano. A las 7 y media.

Voz 3: El colegio empieza a las 8 y cuarto de la mañana.

Voz 4: No me gusta ducharme por la mañana sino por la tarde. Generalmente a las 6 o las 7.

Voz 5: Me levanto todos los días a las 6 y 25.

Voz 6: Hago los deberes cuando llego a casa a las 5 menos cuarto.

Solución

Actividades	Hora
1 Acostarse	21:00
2 Desayunar	7:30
3 Empezar el colegio	8:15
4 Ducharse	18:00–19:00
5 Levantarse	6:25
6 Hacer los deberes	16:45

7 Trabajo colaborativo

Actividad preparatoria
Lleve a clase algunos ejemplos fáciles y simples de gráficos (de barras, pirámide, de sectores, etc.) y pregúnteles qué son, cómo se hacen, cómo se leen, etc.

Desarrollo de la actividad
Acuerde con sus alumnos unas 6–8 actividades con las que trabajarán para ilustrar los gráficos. Una vez decididas y escritas en la pizarra, pida a cada uno de sus alumnos que respondan en sus cuadernos a qué hora las hacen.

A continuación distribuya a la clase en grupos. Deles un tiempo determinado para que interactúen, compartan sus informaciones y realicen los gráficos con toda la información recogida.

Las tareas domésticas

1 Vocabulario

Actividad preparatoria
Pregunte a sus alumnos si saben el significado de "tareas domésticas" y pregúnteles, por ejemplo, si hacen todos los días sus camas y/o ordenan sus habitaciones.

Explique a sus alumnos que el objetivo de esta actividad será presentar y/o revisar el vocabulario de las principales tareas domésticas.

Desarrollo de la actividad
Diga a sus alumnos que relacionen las fotos con las tareas y que trabajen en silencio, individualmente y de forma autónoma con la ayuda del diccionario. Haga una corrección con toda la clase.

> **ACTIVIDAD DE DIFERENCIACIÓN**
>
> Pida a sus alumnos más aventajados que contextualicen el vocabulario de la actividad y escriban algunos ejemplos en sus cuadernos.

Solución
1 G 2 E 3 F 4 D 5 H 6 B 7 A 8 I 9 J 10 C

2 Expresión oral y escrita

Actividad preparatoria
Lleve a clase dos fotos grandes: una de un chico y otra de una chica. Péguelas en la pizarra y haga una lluvia de ideas con la clase en la que sus alumnos se levanten y escriban en la pizarra qué tareas domésticas hacen él y ella.

Desarrollo de la actividad
Diga a sus alumnos que lean el enunciado de la actividad y se organicen en pequeños grupos para hablar sobre las tareas domésticas y las cuestiones propuestas. Como siempre, anime a sus alumnos a que opinen y participen libremente y no se preocupe demasiado por la exactitud gramatical de las intervenciones de sus alumnos.

Si lo desea, haga una puesta en común en clase abierta para escuchar las opiniones de sus alumnos.

ACTIVIDAD DE DIFERENCIACIÓN

Pida a sus alumnos más aventajados que escriban un texto en sus cuadernos sobre el tema "las tareas domésticas".

3 Comprensión auditiva

Actividad preparatoria

Anuncie a sus alumnos que oirán cuatro audios en los que cuatro chicos/as hablarán sobre qué piensan de las tareas domésticas.

Antes de escuchar el audio, dígales que lean las preguntas y/o informaciones y traten de seleccionar algunas palabras claves que les ayuden a dirigir su concentración a la hora de escuchar los audios.

Desarrollo de la actividad

Ponga la audición tantas veces como considere necesario y haga pausas en la audición para que los alumnos tengan tiempo de escribir. Haga la corrección en parejas.

Transcripción del audio: Pista 4

Voz 1 (chico): A mí, la verdad, no me gusta nada hacer las tareas de la casa. Es totalmente absurdo. De vez en cuando arreglo mi cuarto, ayudo a poner la mesa y lavo el coche de mi padre. Pero solo si me dan dinero. Si no ... odio las tareas domésticas.

Voz 2 (chica): Estoy harta de ayudar a mi madre con las tareas domésticas. Es injusto. Mi hermano no hace nada y yo tengo que hacerlo todo: fregar los platos, limpiar el polvo, pasar la aspiradora ... ¡Uff!

Voz 3 (chico): Mi hermana y yo no tenemos ningún problema con las tareas de la casa. Normalmente ponemos la mesa, ordenamos la habitación, hacemos las camas y nos encanta. Somos los hijos perfectos ¿no?

Voz 4 (chica): Las tareas domésticas que más me gustan son sacar la basura y pasear al perro. Son dos actividades fuera de la casa y así tengo un poco más de tiempo extra para mandar mensajes a mis amigos con el teléfono móvil o escuchar mi música favorita. Guay, ¿no?

Solución

1. Verdadero
2. Falso. Solo le gusta a una. (4)
3. Verdadero
4. Verdadero
5. Falso. Sólo uno (1)

La siesta

Información sobre la costumbre de dormir la siesta en España y muchos países latinoamericanos.

Diga a sus alumnos que lean el texto del "rincón cultural" y contesten a la pregunta.

---

4 Expresión escrita y oral

Actividad preparatoria

Explique a los alumnos que la actividad consistirá en la representación, libre y creativa, de una escena familiar en la que los miembros de la familia organizan, preparan y discuten sobre las tareas domésticas. Para ello, y antes de la escenificación delante de la clase, deberán repartir los papeles y escribir el diálogo en sus cuadernos.

Desarrollo de la actividad

Una vez hechos los grupos y escritos los diálogos, dele a cada grupo tiempo suficiente para practicar sus escenificaciones antes de representar los diálogos delante de toda la clase.

Si algún grupo lo desea, puede grabar su escena con una cámara o con su móvil para después proyectarla en el aula.

Este material audiovisual puede serles de utilidad para detectar errores y trabajar con la pronunciación y la entonación.

ACTIVIDAD DE DIFERENCIACIÓN

Para aquellos alumnos con menores recursos lingüísticos y/o creatividad le sugerimos les proporcione, por ejemplo, algunos modelos de diálogos cerrados para orientarlos en los personajes y en las intervenciones.

Unidad 1

1.3 Mascotas y aficiones

Objetivos

Vocabulario:
- Mascotas y animales de compañía
- Aficiones y pasatiempos
- Actividades de tiempo libre
- Estructuras y expresiones para expresar gustos y preferencias

Gramática:
- Los verbos gustar y preferir

Competencias comunicativas:
- Hablar e intercambiar información sobre mascotas
- Hablar sobre gustos y preferencias

Mis mascotas

1 Presentación de vocabulario y expresión oral

Actividad preparatoria

Escriba en la pizarra la palabra "animales" y pida a sus alumnos que realicen una lluvia de ideas sobre qué les sugiere esta palabra. Si ningún alumno sugiere la palabra "mascotas", escríbala usted mismo en la pizarra y pregúnteles por su significado.

Con el libro cerrado, pregunte a sus alumnos por las mascotas más populares.

Desarrollo de la actividad

Explique a sus alumnos que deberán leer la lista de mascotas más populares y relacionar los nombres de la lista con las fotos.

Pregúnteles por la mascota que creen que ocupa la décima posición.

> **ACTIVIDAD DE DIFERENCIACIÓN**
>
> Proponga a sus alumnos un trabajo de extensión de vocabulario con la ayuda del diccionario.
>
> Diga a los alumnos menos aventajados que escriban una lista con sus animales y mascotas favoritas. Los alumnos con más conocimientos podrían escribir una lista de nombres de animales siguiendo el orden de las letras del abecedario.
>
> **A.** Araña, alacrán ... **B.** Burro, bisonte ... **C.** Caracol, caballo ...

Solución

Según algunas estadísticas serían las iguanas o las arañas.

2 Expresión oral

Actividad preparatoria

Antes de realizar la actividad, remita a sus alumnos al cuadro sobre el verbo gustar y pídales algunos ejemplos.

Desarrollo de la actividad

En parejas, diga a sus alumnos que se pregunten si les gustan los animales, si tienen una mascota, cuáles son sus animales favoritos y por qué.

Los alumnos deberán ir tomando notas sobre las respuestas de sus compañeros para usarlas en la actividad de ampliación.

> **ACTIVIDAD DE DIFERENCIACIÓN**
>
> Pida a sus alumnos que con todas las informaciones recibidas de su compañero/a escriban un texto en sus cuadernos.

> **ACTIVIDAD DE DIFERENCIACIÓN**
>
> Pida a sus alumnos menos aventajados que escriban un texto en sus cuadernos con la información recibida de sus compañeros/as.
>
> Los alumnos más aventajados podrían elaborar un gráfico simple y escribir un texto explicando los resultados con expresiones del tipo:
>
> "dos alumnos de la clase tienen un gato", "nadie tiene un conejillo de Indias", "el 50 por ciento (50 %) de la clase tiene un perro", etc.

3 Comprensión lectora

Actividad preparatoria

Pida a los alumnos que miren la fotografía y pregunte:

¿Qué véis en la fotografía?, ¿Cuál puede ser el tema del texto?

Desarrollo de la actividad

Pida a sus alumnos que lean el texto y decidan si las informaciones sobre el texto son falsas o verdaderas. Si las informaciones son falsas los alumnos deberán corregirlas y justificar sus respuestas.

Haga una puesta en común para comentar los resultados o deje a sus alumnos que las corrijan con sus compañeros.

Cambridge IGCSE Spanish as a Foreign Language

ACTIVIDADES DE DIFERENCIACIÓN

Ayude a los alumnos menos aventajados e indíqueles en qué párrafos o partes del texto se encuentran las respuestas a las preguntas.

Para los alumnos que terminen más rápido, dígales que escriban dos o tres preguntas más sobre el texto para que un/a compañero/a las responda.

Solución
1. Falso (animales domésticos/mascotas)
2. Verdadero
3. Falso (Los gatos)
4. Verdadero

4 Expresión escrita

Actividad preparatoria
Anime a sus alumnos a escribir un texto siguiendo pautas e instrucciones marcadas. Recuérdeles organizar previamente los textos y dígales que, por lo general, trabajen según la estructura:

Introducción – Contenido argumental – Conclusión.

Desarrollo de la actividad
Explique a sus alumnos que deberán escribir un texto sobre la mascota ideal siguiendo unas pautas.

Antes de redactarlo, dígales que organicen y planifiquen el texto por medio de un esquema, un mapa mental, una lista de palabras claves, etc.

5 Trabajo colaborativo, expresión oral y escrita

Actividad preparatoria
Pregunte a los alumnos que tengan una mascota cómo las consiguieron: ¿Las compraron?, ¿Se las regalaron?, ¿Las adoptaron?

Desarrollo de la actividad
Indique a los alumnos que deberán mirar el póster y discutir sobre las tres cuestiones propuestas en la actividad. Pídales que argumenten sus opiniones. Explíqueles que en grupos deberán elaborar un póster sobre la adopción de animales y mascotas.

Mis aficiones

1 Vocabulario

Actividad preparatoria
Como repaso, pregunte a sus alumnos por sinónimos de la palabra "aficiones" y por las preguntas para preguntar por ellos.

Remita a sus alumnos al cuadro sobre las aficiones y repase con ellos la información.

Desarrollo de la actividad
Dígales que miren las fotos para que identifiquen las tres actividades que no tienen foto.

Solución
ir al teatro, salir con amigos, jugar con el ordenador

2 Comprensión oral

Actividad preparatoria
Pregunte a sus alumnos por sus aficiones y pasatiempos preferidos.

Desarrollo de la actividad
Explique a sus alumnos que van a escuchar una audición en la que cuatro chicos/as hablan sobre sus gustos y aficiones. Los alumnos deberán completar la tabla con las informaciones de cada uno de ellos.

Dependiendo del nivel de los alumnos, haga pausas durante la audición para que los alumnos tengan tiempo para escribir las informaciones requeridas.

ACTIVIDAD DE DIFERENCIACIÓN

Agrupe a sus alumnos en parejas según sus conocimiento y niveles. Dígales que se hagan preguntas para encontrar afinidades muy concretas y específicas.

Los alumnos menos ventajados deberán hacer preguntas más generales y los alumnos más aventajados deberán hacer preguntas mucho más concretas del tipo:

¿Te gusta la música electrónica?, ¿Te gusta la comida italiana?, ¿Te gustan los Beatles?

La música

Información sobre algunos estilos y artistas propios de los países hispanohablantes.

Pregunte a sus alumnos por sus gustos musicales y si conocen otros estilos y el nombre de otros cantantes y/o grupos que canten en español.

Unidad 1

Solución

Nombre	¿Qué le gusta?	¿Por qué?	¿Qué no le gusta?	¿Por qué no?
Luis	Leer novelas románticas y escribir poemas	Porque es una actividad creativa y divertida	Hacer deporte	Porque es aburrido
Carmen	Hacer deporte y jugar al fútbol	Porque es divertido	Los videojuegos y ordenadores	Porque se está siempre sentado/a
Manuel	La música y tocar la guitarra eléctrica	Porque es apasionante	Ver la tele	Porque no es inteligente
Patricia	Montar en bicicleta	Porque es una actividad deportiva y en contacto con la naturaleza	Bailar	Porque es tímida

Transcripción audio: Pista 5

Voz 1 (m): Me llamo Luis y me encanta la literatura. Lo que más me gusta es escribir poemas y las novelas románticas. El Romanticismo es mi periodo favorito de la literatura. Me gusta escribir porque es una actividad divertida y muy creativa. No me gusta hacer deporte. Lo encuentro tan aburrido...

Voz 2 (f): Pues a mí sí me gusta hacer deporte. Yo soy Carmen y juego al fútbol en un equipo femenino de fútbol. Es súper divertido. ¿Y algo que no me gusta? Pues no me gustan nada los videojuegos y los ordenadores porque estás todo el día sentada en una silla. ¡Qué rollo!

Voz 3 (m): Mi nombre es Manuel y mi pasatiempo favorito es la música. Toco la guitarra eléctrica en una banda de rock con unos amigos y a veces tocamos en pequeñas salas de concierto. ¡La música es la caña! Es lo más apasionante que hay. Bueno, y lo que no me gusta es ver la tele en el sofá porque eso no es inteligente. Es una pérdida de tiempo.

Voz 4 (f): Yo soy Patricia y lo que no me gusta nada es bailar porque soy una chica bastante tímida. Pero lo que sí me gusta es montar en bicicleta porque es una actividad muy activa y deportiva y en contacto con la naturaleza. Casi todos los domingos hago 20 kilómetros. ¡Es una pasada!

3 Expresión escrita

Actividad preparatoria
Pregunte a sus alumnos por el tipo de texto del que se trata (correo electrónico) y pregúnteles por los elementos básicos (destinatario, remitente, asunto, fecha, hora, saludo, despedida) de este tipo de texto.

Desarrollo de la actividad
Explíqueles que deberán leer el correo electrónico de Mariló y escribir un correo contestando a las preguntas y puntos sugeridos en la actividad. insista en la obligatoriedad de incluir todos los aspectos en la redacción del texto.

> **ACTIVIDAD DE DIFERENCIACIÓN**
>
> Pida a sus alumnos más aventajados que con todos los elementos característicos de este tipo de documento escriban un correo electrónico a un/a amigo/a contándole que tiene una nueva mascota, qué mascota es, cómo es, etc.

4 Expresión oral

Actividad preparatoria
Pregunte a sus alumnos si les gusta la música, qué gustos musicales tienen y si conocen el nombre de algunos cantantes y grupos españoles y latinoamericanos.

Desarrollo de la actividad

Diga a sus alumnos que lean el texto del cuadro cultural y con sus conocimientos previos o la intuición decidan el estilo musical de cada uno de los artistas nombrados en el texto sobre la música.

Si dispone de ordenadores en clase, plantee esta actividad a sus alumnos como una actividad de investigación y búsqueda de información.

ACTIVIDAD DE DIFERENCIACIÓN

Proponga a los alumnos más aventajados que hagan una presentación digital o en papel de uno de sus músicos favoritos para presentarla de forma oral delante de toda la clase.

Solución

Shakira, Juanes, Maná y Enrique Iglesias – pop latino

Carlos Gardel – tango

Celia Cruz – salsa

Juan Luis Guerra – merengue

Paco de Lucía – flamenco

1.4 Mi casa y mi ciudad

Objetivos

Vocabulario:
- Tipos de viviendas
- Adjetivos para describir una vivienda, una ciudad, etc.
- Las partes de la casa
- La ciudad y el campo

Gramática:
- Verbos para describir y situar: ser, tener y hay
- Las preposiciones de lugar
- La comparación

Competencias comunicativas:
- Describir tipos diferentes de viviendas
- Describir y expresar diferencias entre las ciudades y el campo
- Hacer comparaciones

Mi casa

1 Vocabulario

Actividad preparatoria

Para contextualizar la actividad y comprobar conocimientos previos, lleve a clase fotos de diferentes tipos de viviendas como un palacio, un iglú, una casa en un árbol, una caravana, etc. Pregúnteles si les gustaría vivir en esos lugares y por qué.

Desarrollo de la actividad

Pida a sus alumnos que miren las fotos que aparecen en esta actividad y que las relacionen con las viviendas de Carlos, Viviana, Rosa y Ramiro.

> **ACTIVIDAD DE DIFERENCIACIÓN**
>
> Diga a sus alumnos más aventajados que, individualmente o en parejas, escriban en sus cuadernos unas diez preguntas en relación al tema de la casa y la ciudad que creen que aparecerán y/o podrán ser contestadas a lo largo de la unidad.
>
> ¿Dónde vives?, ¿Con quién vives?, ¿Vives en una casa grande?, ¿Cómo es tu ciudad?, ¿Qué te gusta más de tu ciudad?

Solución
A 3
B 2
C 4
D 1

2 Expresión oral

Actividad preparatoria

Diga a sus alumnos que piensen en sus viviendas y busquen en el diccionario algunas palabras importantes para describirlas.

Desarrollo de la actividad

Distribuya a sus alumnos en parejas y dígales que hablen y se hagan preguntas sobre dónde viven.

> **ACTIVIDAD DE DIFERENCIACIÓN**
>
> Diga a sus alumnos menos aventajados que hagan una lista o un mapa mental con todo el vocabulario sobre la vivienda que han aprendido.
>
> A los alumnos más aventajados, pídales que escriban un texto en el que describan las viviendas de sus compañeros.

3 Trabajo colaborativo

Actividad preparatoria

Diga a sus alumnos que miren la ilustración sobre las partes y habitaciones de una casa y pregúnteles por las habitaciones que tienen sus viviendas.

Desarrollo de la actividad

Para aprender vocabulario de una forma colaborativa y compartiendo el trabajo, asigne una letra A/B a cada uno de sus alumnos y dígales que escojan una parte de la casa. Los alumnos deberán, con la ayuda del diccionario, escribir en sus cuadernos una lista sobre los muebles de la habitación escogida.

Pida a todos los alumnos con la misma letra que se agrupen para compartir sus trabajos y después, forme parejas con alumnos A y B para que compartan de nuevo el vocabulario.

ACTIVIDAD DE DIFERENCIACIÓN

Proponga a los alumnos una actividad creativa con fotos de catálogos y revistas de decoración. Agrúpelos para que sobre una cartulina dibujen el plano de la casa de sus sueños y la decoren y amueblen con fotos de los catálogos. Deberán escribir el nombre de todos los elementos que aparezcan.

Pida a sus alumnos más aventajados que presenten de forma oral los planos de sus casas delante de toda la clase con la ayuda de la información del cuadro con estructuras y expresiones para describir y situar lugares.

4 Vocabulario y comprensión lectora

Actividad preparatoria

Diga a sus alumnos que miren la foto y pregúnteles ¿Qué tipo de vivienda es?, ¿Dónde está?, ¿Cómo es? ¿Cuántas habitaciones tiene?, ¿Quién vive en la casa?, etc.

Desarrollo de la actividad

Explique a sus alumnos que deberán completar el texto con las palabras que aparecen en el cuadro. Antes de completar el texto, recomiéndeles que lean el texto completo.

ACTIVIDAD DE DIFERENCIACIÓN

Diga a los alumnos más aventajados que escriban un texto describiendo sus viviendas, el número de habitaciones, qué hay en cada una de ellas, etc.

Solución

casa adosada, chimenea, muebles, escaleras, cuarto de baño, dormitorio, jardín, piscina

5 Expresión oral

Actividad preparatoria

Diga a sus alumnos que miren las fotos. Pídales que describan qué hay y cómo es el mobiliario de cada uno de los dormitorios.

Desarrollo de la actividad

Para variar un poco la dinámica de la expresión oral, diga a sus alumnos que miren las fotos de los dormitorios y respondan de forma escrita en una hoja de papel a las preguntas propuestas. Los alumnos meterán las hojas de papel en una caja.

Diga a cada uno de sus alumnos que coja al azar una hoja, la lea en voz alta y diga qué persona de la clase cree que lo ha escrito y por qué.

ACTIVIDAD DE DIFERENCIACIÓN

Diga a sus alumnos que hagan fotos de sus dormitorios y de alguna parte de sus casas. Pida a los alumnos menos aventajados que las presenten de forma oral.

Los alumnos más aventajados podrían hacer una presentación con el ordenador para presentarla también al resto de la clase.

6 Comprensión auditiva

Actividad preparatoria

Para tomar un primer contacto con el tema de la conversación, ponga la audición una primera vez sin pausas y pregúnteles sobre qué hablan en el diálogo.

Desarrollo de la actividad

Pida a los alumnos que escuchen la audición atentamente y traten de completar el cuadro con las informaciones que faltan.

Ponga la audición tantas veces como crea necesario y haga pausas para dar a los alumnos tiempo para escribir.

ACTIVIDAD DE DIFERENCIACIÓN

Reparta la transcripción de la audición para que los alumnos menos aventajados la lean en voz alta y practiquen la pronunciación y la entonación.

A los alumnos más aventajados, dígales que en parejas preparen un diálogo como el de la audición y lo graben en un documento de audio.

Transcripción del audio: Pista 6

Voz 1 (m): Mira, ésta es mi casa. ¿Te gusta?

Voz 2 (f): Me encanta. ¡Y tienes piscina! ¡Qué guay! ¿Cuántas habitaciones tiene?

Voz 1: Pues no es muy grande… En total tiene 5 habitaciones. Dos dormitorios, el baño, la cocina y el salón. Un dormitorio para mi madre y el otro dormitorio es para mi hermano y para mí. ¿Y tú, dónde vives?

Voz 2: Yo vivo en un apartamento en el centro de la ciudad con mis padres y mis abuelos. Sin piscina… Pero es grande y tenemos un balcón.

Voz 1: Genial.

Voz 2: El apartamento está muy bien. Es moderno y tiene un salón, una cocina, un comedor, tres dormitorios y dos baños. La verdad es que hay espacio para todos.

Solución

¿Dónde vive?	¿Cuántas habitaciones tiene?	¿Tiene piscina?	¿Con quién vive?
1 En una casa	5	Sí	Con su madre y su hermano
2 En un apartamento	8	No	Con sus padres y sus abuelos

7 Expresión escrita

Actividad preparatoria
Pregunte a sus alumnos si les gusta la playa y dónde suelen alojarse cuando van de vacaciones.

Desarrollo de la actividad
Dígales que van a pasar las vacaciones en Conil (España) y que van a alquilar un apartamento. La tarea será escribir un correo electrónico al propietario preguntándole por los temas que propone la actividad.

ACTIVIDAD DE DIFERENCIACIÓN
Diga a sus alumnos que busquen fotos y más informaciones en internet sobre Conil.

Proponga a sus aumnos menos aventajados que hagan un póster y a sus alumnos más aventajados una presentación con el ordenador.

¿Mi ciudad?

1 Expresión oral

Actividad preparatoria
Lleve a clase fotos de ciudades y péguelas en la pizarra. Pregúnteles dónde están, cómo se llaman, qué creen que tienen en común, etc.

Desarrollo de la actividad
Distribuya a sus alumnos en parejas o grupos para que comenten sus conocimientos sobre las ciudades y el mundo y hablen sobre las ciudades que han visitado.

ACTIVIDAD DE DIFERENCIACIÓN
Diga a sus alumnos menos aventajados que escriban en sus cuadernos una lista con algunos países de Europa y sus capitales.

A los más aventajados puede sugerirles que hagan lo mismo con todos los países hispanohablantes.

2 Vocabulario

Actividad preparatoria
Para activar el vocabulario de sus alumnos, haga una lluvia de ideas con lugares de interés de las ciudades de la actividad 1.

Ejemplos: La catedral de Notre Dame, el río Támesis, el museo del Louvre, etc.

Desarrollo de la actividad
Individualmente o en parejas diga a sus alumnos que relacionen los lugares con el vocabulario que aparece en el cuadro. Como estrategia para aprender y reconocer vocabulario, anímelos a que hagan hipótesis sobre el significado de las palabras por su parecido con sus lenguas maternas o con otras lenguas que conozcan. Si lo desean, también podrán usar el diccionario.

ACTIVIDAD DE DIFERENCIACIÓN
Pida a sus alumnos menos aventajados que con la ayuda del diccionario amplíen el vocabulario.

A sus alumnos más aventajados, además de ampliarlo, pídales que lo organicen de alguna manera con la ayuda de un esquema, mapa metal, ideograma, etc.

Solución

a   Correos
b   farmacia
c   museo
d   colegio
e   hospital
f   teatro
g   parada de autobús
h   centro comercial
i   cine
j   hotel
k   estadio de fútbol
l   aparcamiento
m   estación de trenes
n   río
o   parque

Cambridge IGCSE Spanish as a Foreign Language

3 Comprensión lectora

Actividad preparatoria
Remita a sus alumnos al cuadro sobre 'Expresiones útiles para preguntar / encontrar el camino'. Dígales que las lean, miren las flechas y traten de decirlas usando sus manos y brazos.

Desarrollo de la actividad
Diga a sus alumnos que lean el diálogo y respondan a las preguntas.

Solución
1. El Teatro del Arte
2. Sí, a unos 20 minutos a pie.
3. Sí.
4. Calle Gloria Fuertes
5. Entre Correos y un banco

Un poco más: Un póster de tu pueblo o ciudad
Pida a sus alumnos que traigan a clase fotos de sus respectivos pueblos o ciudades en las que vivan. Reparta cartulinas o un folio A3 entre sus alumnos para que, individualmente o en grupos, hagan un póster con fotos y escriban textos e informaciones que expliquen las fotos empleadas. Después, pueden decorar las paredes de la clase con todos sus trabajos.

4 Comprensión lectora

Actividad preparatoria
Si dispone de los medios necesarios, proyecte algunas imágenes o un vídeo sobre Córdoba y pregunte a sus alumnos si conocen la ciudad y dónde está. Dele algunas pistas (España, Andalucía ...).

Desarrollo de la actividad
Antes de leer el texto, diga a sus alumnos que lean las preguntas y marquen las palabras importantes y/o claves que les serán de ayuda para encontrar en el texto las respuestas a las preguntas.

Solución
1. Córdoba
2. Romano y musulmán
3. De gran belleza y colorido. Decorados con macetas y flores.
4. El Ayuntamiento organiza un concurso de patios.
5. Patrimonio Cultural Inmaterial de la Humanidad.

ACTIVIDAD DE DIFERENCIACIÓN

Diga a sus alumnos más aventajados que investiguen sobre la ciudad de Córdoba y escriban en sus cuadernos, tomando como base el vocabulario de la actividad 2, una lista con lugares reseñables que hay en Córdoba.

5 Expresión escrita

Actividad preparatoria
Antes de realizar la actividad, remita a sus alumnos al cuadro de vocabulario. Anímelos a que usen las expresiones del cuadro en sus textos y descripciones de sus ciudades.

Desarrollo de la actividad
Diga a sus alumnos que escriban un texto sobre sus diferentes ciudades o sobre una que les guste especialmente.

6 Comprensión lectora

Actividad preparatoria
Haga una puesta en común con la clase y pregúnteles si han visitado Barcelona, si les gusta, qué no les gusta, etc.

Desarrollo de la actividad
Antes de leer el texto, sugiera a sus alumnos que lean las preguntas y marquen las palabras importantes y/o claves que les serán de ayuda para encontrar en el texto las respuestas a las preguntas. Coménteles que, en este caso, todas las preguntas no están en el orden de los párrafos con lo que la lectura tendrá que ser más detallada.

Solución
1. En Cataluña
2. Gaudí
3. Un barrio de Barcelona con muchos restaurantes
4. Ir de tapas y copas
5. Una playa con arena blanca
6. Ver las magníficas vistas de Barcelona

Unidad 1

¿Vivir en el campo o en la ciudad?

1 Comprensión lectora y expresión escrita

Actividad preparatoria
Pregunte a sus alumnos si ellos / sus padres / algún familiar / algún amigo viven en el campo o en la ciudad. Coménteles dónde vive usted y deles algunas opiniones sobre si le gusta vivir ahí y por qué.

Desarrollo de la actividad
Diga a sus alumnos que lean los seis comentarios sobre el tema "vivir en el campo" o "vivir en la ciudad" para que escriban en sus cuadernos si están de acuerdo o no. Recuérdeles que todas estas informaciones, ideas, comentarios y opiniones que escriban en sus cuadernos podrán servirles para la siguiente actividad.

Ejemplo
1 Sí, estoy de acuerdo. Yo pienso también que las ciudades son peligrosas porque vive mucha gente y hay muchos ladrones.

ACTIVIDAD DE DIFERENCIACIÓN

Pida a sus alumnos más aventajados que hagan un cuestionario con preguntas sobre el tema para que lo contesten el resto de sus compañeros.

2 Trabajo colaborativo

Actividad preparatoria
Comente a sus alumnos que el objetivo de esta actividad es trabajar en grupos e interactuar en español. La tarea final será hacer un cartel donde se muestren qué ventajas y desventajas tendría, según ellos, "vivir en el campo" o "vivir en la ciudad".

Recuérdeles la importancia de organizarse antes y de compartir ideas. Así que, propóngales, para empezar, que hagan una lluvia de ideas con sus opiniones para luego discutirlas.

Le sugerimos que vaya pasando de vez en cuando por los grupos de trabajo e intente que todos los alumnos participen. Sería conveniente que, si fuera necesario, dinamizara y facilitara el trabajo de los diferentes grupos dando ideas, reconduciendo tareas o ayudando en la solución de posibles problemas.

Desarrollo de la actividad
Dígales que con todo el material de la actividad preparatoria redacten sus textos. Remítalos al cuadro de gramática para hacer comparaciones y dígales que lo usen.

3 Comprensión auditiva

Actividad preparatoria
Pregunte a sus alumnos si han visitado Chile y qué conocen de ese país.

Desarrollo de la actividad
Indique a sus alumnos que van a escuchar una entrevista radiofónica a dos chicos chilenos. La tarea será tomar nota en sus cuadernos de las informaciones sobre dónde viven y qué les gusta o no del lugar donde viven.

Como corrección, haga una puesta en común con toda la clase.

Transcripción del audio: Pista 7

Voz 1 (periodista):	Buenas tardes y bienvenido al programa "Vidas paralelas" de la radio chilena. Hoy, tenemos en el estudio a dos jóvenes estudiantes para hablarnos sobre dónde viven y qué ventajas y desventajas encuentran a la hora de vivir en el campo o en la ciudad. Hola. ¿Cómo os llamáis y cuántos años tenéis?
Voz 2 (chica):	Hola yo me llamo Luisa y tengo 15 años.
Voz 3 (chico):	Y yo soy Francisco y tengo 16 años.
Voz 1:	Muy bien. ¿Y vivís los dos aquí en Santiago?
Voz 2:	Yo sí.
Voz 3:	Yo no. Yo vivo con mis padres en un pueblo que se llama Los Andes y está en el centro de Chile.
Voz 1:	¿Y te gusta vivir allí?
Voz 3:	Sí. Es un pueblo tranquilo, con mucha naturaleza y la gente es muy amable.
Voz 1:	¿Y a ti te gusta vivir en Santiago?
Voz 2:	Sí. Me encanta vivir aquí. Santiago es una ciudad muy grande y con mucha oferta cultural.

Cambridge IGCSE Spanish as a Foreign Language

Voz 1:	¿Y en Los Andes hay teatros y cines?
Voz 3:	No claro, ese es el problema. En mi pueblo no hay tantas actividades culturales para los jóvenes como en la ciudad.
Voz 1:	¿Y cuáles serían, Luisa, las desventajas de vivir en Santiago?
Voz 2:	Pues... La contaminación, por ejemplo. En Santiago hay muchos problemas de circulación y atascos todos los días.
Voz 3:	¿Ves? Este problema no lo tenemos en el campo.
Voz 1:	Así es. El campo y la ciudad tienen sus ventajas y desventajas. Muchas gracias a los dos.
Voz 2:	Gracias a vosotros.
Voz 3:	Adiós y gracias.

Solución

1. Luisa vive en Santiago de Chile. Le gusta que es una ciudad grande con mucha oferta cultural. No le gusta la contaminación y los problemas de circulación.
2. Francisco vive en Los Andes. Le gusta vivir allí porque es un pueblo tranquilo, con naturaleza y con gente muy amable. No le gusta que no hay muchas actividades culturales.

4 Expresión escrita

Actividad preparatoria

Haga una puesta en común de forma oral con todos los alumnos para recordar las informaciones sobre Luisa y Francisco.

Desarrollo de la actividad

Diga a sus alumnos que escriban un texto sobre Luisa y Francisco, los dos chicos de la entrevista. En el texto deberán aparecer informaciones reales de la entrevista y otras nuevas, inventadas, sobre cómo son, dónde viven, sus aficiones, etc.

> **ACTIVIDAD DE DIFERENCIACIÓN**
>
> A los alumnos menos aventajados puede facilitarles la transcripción del audio para ayudarles con la información. También, si lo desean, podrían trabajar en parejas.

5 Comprensión lectora

Actividad preparatoria

Diga a sus alumnos que lean el título del texto y le expongan brevemente el tema del texto. Pregúnteles por la expresión "en el corazón de…".

Desarrollo de la actividad

Pídales que antes de contestar las preguntas lean detenidamente el texto con la ayuda del diccionario. Deberán escribir en sus cuadernos los temas y las informaciones más importantes de cada uno de los cuatro párrafos. Esta técnica les puede ayudar a entender mejor el texto y responder a las preguntas.

Solución

1. En coche y en autobús
2. La Iglesia Santa Rosa y el antiguo Monasterio del Espíritu Santo
3. Piezas de las culturas originarias del valle del Aconcagua
4. Cerca del pueblo. A 7 kilómetros de los Andes
5. Sí
6. Vino

> **Los patios cordobeses**
>
> Información sobre la ciudad española de Córdoba y su tradiciónde decorar sus patios con flores y plantas.
>
> Si lo considera pertinente podría pedir a sus alumnos investigar un poco más sobre Córdoba para hacer una presentación conel ordenador.

Unidad 1

1.5 Mi instituto, mi clase y mis profesores

Objetivos

Vocabulario:
- El sistema educativo y el mundo escolar
- El material escolar
- Las clases, las asignaturas y los profesores
- Adjetivos para describir

Gramática
- La concordancia del adjetivo (género y número)
- Los determinantes posesivos

Competencias comunicativas:
- Poder hablar sobre el sistema escolar
- Describir asignaturas y profesores

1 Vocabulario

Actividad preparatoria

Pregunte a sus alumnos si conocen el significado de la palabra "asignatura" y pregúnteles por el nombre de algunas de sus asignaturas.

Desarrollo de la actividad

Pida a sus alumnos que, con la ayuda del diccionario, relacionen las asignaturas con las fotos.

ACTIVIDAD DE DIFERENCIACIÓN

Diga a sus alumnos menos aventajados que hagan una lista con todas las asignaturas de su curso. Dígales que usen el diccionario.

Los alumnos más aventajados podrían, además de escribir la lista, clasificar las asignaturas según sean de letras o de ciencias.

Solución
1 A 2 H 3 L 4 B 5 K 6 D 7 G 8 C 9 R 10 F 11 J 12 I

2 Vocabulario

Actividad preparatoria

Para sondear los conocimientos previos de los alumnos, muestre algunos objetos (lápiz, regla, mochila, bolígrafo, calculadora, etc.) y pregúnteles cómo se llaman en español.

Desarrollo de la actividad

Diga a sus alumnos que lean las definiciones y las completen. Anímelos a que usen el diccionario.

ACTIVIDAD DE DIFERENCIACIÓN

Los alumnos más aventajados podrían hacer un crucigrama con las definiciones de los objetos.

Solución
1. Goma
2. Estuche
3. Cuadernos
4. Regla
5. Bolígrafo
6. Calculadora
7. Rotuladores
8. Tijeras

3 Comprensión lectora

Actividad preparatoria

Repase con sus alumnos los días de la semana, la hora y las preposiciones relacionadas con el tema:

Los lunes, todos los lunes, A las ..., Desde las .... hasta las ..., De ... a ....

Desarrollo de la actividad

Pida a sus alumnos que miren con atención el horario escolar y que respondan a las preguntas.

ACTIVIDAD DE DIFERENCIACIÓN

Pida a sus alumnos menos aventajados que escriban más ejemplos sobre sus horarios y rutinas escolares usando las expresiones temporales y de frecuencia.

Solución
1. 7 clases
2. 12
3. A las 8.00
4. A las 14:00
5. 1 hora y media
6. Tienen Inglés los martes a las 8.00 y los jueves de 8.00 a 9.30. Tienen Historia de lunes a miércoles, de 11.00 a 11.45 y los viernes de 8.00 a 8.45. Tienen Matemáticas los lunes, los miércoles y los viernes. El lunes y miércoles de 8:00 a 8:45 y los viernes a las 8.45.

Cambridge IGCSE Spanish as a Foreign Language

4 Expresión escrita

Actividad preparatoria
Diga a sus alumnos que escriban el horario de su grupo en sus cuadernos.

Desarrollo de la actividad
Explíqueles que la tarea consistirá en escribir un texto describiendo sus horarios.

> **ACTIVIDAD DE DIFERENCIACIÓN**
>
> Los alumnos más aventajados y/o más rápidos podrían escribir también qué asignaturas son sus favoritas y cuáles les gustan menos.

> **El sistema educativo en España**
>
> Los sistemas educativos suelen ser diferentes en los diferentes países.
>
> Diga a sus alumnos que lean el texto del "rincón cultural" y escriban en sus cuadernos las diferencias más importantes con los sistemas educativos de sus países.

5 Expresión oral y escrita

Actividad preparatoria
Diga a sus alumnos que miren las tres fotos del libro y pídales que las describan de forma oral. Como sugerencia, y para activar la conversación, puede hacer las siguientes preguntas:

¿Qué veis en las fotografías?, ¿Dónde están?, ¿Hay más alumnos o alumnas?, ¿Llevan uniforme?, ¿Usan libros?

Desarrollo de la actividad
Explique a sus alumnos que deberán "imaginarse" algunas clases en los países propuestos en la actividad. Sugiérales que encaminen sus textos hacia el tema de la educación en diferentes países, sus diferencias y similitudes, las asignaturas, el uso de la tecnología en la clase, etc.

> **ACTIVIDAD DE DIFERENCIACIÓN**
>
> Los alumnos menos aventajados y/o menos creativos podrían escribir el texto sobre un país y su realidad educativa que conozcan bien.

6 Comprensión auditiva

Actividad preparatoria
Pregunte a sus alumnos por sus profesores favoritos. Anímelos a que argumenten sus preferencias por un profesor u otro.

Desarrollo de la actividad
Anuncie a sus alumnos que van a escuchar las opiniones de cuatro chicos/as sobre sus clases y sus profesores y dígales que completen la tabla propuesta en la actividad.

Ponga la audición tantas veces como crea necesario y no olvide hacer pausas en la audición para que los alumnos tengan tiempo para escribir. Haga la corrección en parejas o en grupo.

> **Transcripción del audio:** Pista 8
>
> **Voz 1:** Mis clases favoritas son las de Historia y Música. Los dos profesores son muy simpáticos y divertidos. Siempre hacen bromas y explican sus asignaturas muy bien.
>
> **Voz 2:** A mí, las Matemáticas no me gustan mucho. Además, nuestra profesora es bastante estricta. Nos manda un montón de deberes y tenemos que estudiar mucho.
>
> **Voz 3:** Mi profesora de Literatura inglesa siempre nos ayuda y es súper paciente. Nunca se cansa de nuestras preguntas y siempre es muy positiva con sus comentarios. Me encanta mi profesora y su asignatura.
>
> **Voz 4:** Las clases de Tecnología se me dan bien porque tenemos un buen profesor y me gusta la tecnología. Es una persona muy inteligente y amable aunque a veces, dependiendo del día, puede ser un poco aburrido. Ese día dormimos en clase y la asignatura no me gusta nada.

Solución

Asignatura/s	¿Le gusta? / ¿No le gusta?	¿Cómo es el/la profesor/a?
1 Historia y Música	Sus asignaturas favoritas	Simpáticos Divertidos Explican muy bien
2 Matemáticas	No le gustan mucho	Bastante estricta
3 Literatura inglesa	Le gusta mucho Le encanta	Súper paciente Muy positiva

Unidad 1

Asignatura/s	¿Le gusta? / ¿No le gusta?	¿Cómo es el/la profesor/a?
4 Tecnología	A veces le gusta, a veces no le gusta nada Depende	Buen profesor A veces aburrido Inteligente Amable

7 Vocabulario y gramática

Actividad preparatoria

Antes de comenzar esta actividad de vocabulario y gramática, remita a los alumnos al apartado gramatical sobre la concordancia del adjetivo.

Desarrollo de la actividad

Diga a sus alumnos que con la ayuda del diccionario realicen la actividad en sus cuadernos. Diga los alumnos que hagan una corrección en parejas comparando sus cuadernos.

ACTIVIDAD DE DIFERENCIACIÓN

Diga a los alumnos menos aventajados que hagan un esquema en sus cuadernos con las reglas de la concordancia y algunos ejemplos más.

Solución

1. simpático/simpática ≠ antipático/antipática
   simpáticos/simpáticas ≠ antipáticos/antipáticas
2. divertido/divertida ≠ aburrido/aburrida
   divertidos/divertidas ≠ aburridos/aburridas
3. estricto/estricta ≠ permisivo/permisiva, tolerante
   estrictos/estrictas ≠ permisivos/permisivas, tolerantes
4. paciente ≠ impaciente
   pacientes ≠ impacientes
5. positivo/positiva ≠ negativo/negativa
   positivos/positivas ≠ negativos/negativas
6. aburrido/aburrida ≠ divertido/divertida
   aburridos/aburridas ≠ divertidos/divertidas
7. inteligente ≠ tonto/tonta
   inteligentes ≠ tontos/tontas
8. amable ≠ grosero/grosera, desagradable
   amables ≠ groseros/groseras, desagradables

8 Expresión escrita

Actividad preparatoria

Antes de empezar con la escritura del texto, dele a sus alumnos unos 10 minutos para que organicen las ideas, repasen las asignaturas, los adjetivos para describir a los profesores y para que busquen en el diccionario las palabras que necesiten para la redacción de sus textos.

Desarrollo de la actividad

Dígales que escriban el texto y que no olviden tratar todos los aspectos que propone la actividad, argumentando sus opiniones.

Como corrección, le sugerimos que corrija los textos en casa y se los devuelva para que lo vuelvan a escribir en sus cuadernos ya corregidos.

ACTIVIDAD DE DIFERENCIACIÓN

Los alumnos más aventajados podrán escribir un resumen y/o un organigrama sobre el texto del rincón cultural.

9 Actividad colaborativa

Actividad preparatoria

Explique a sus alumnos que el proyecto consistirá en la grabación de un vídeo sobre su instituto. Para ello podrán usar sus móviles y/o cámaras fotográficas digitales. Pídales que se organicen en pequeños grupos de trabajo de 3–4 alumnos para realizarlo.

Coménteles que en este tipo de proyectos, la organización y el trabajo previo es fundamental para la realización del trabajo final, en este caso un vídeo. Igualmente, anime a sus alumnos a que participen libremente y no se preocupe demasiado en corregir la exactitud gramatical de sus alumnos.

Desarrollo de la actividad

A modo de orientación, propóngales que en el vídeo pueden tratar temas como su aula, los pofesores, el horario y las asignaturas, la comida, las reglas, etc.

Antes de hacer la grabación deberán escribir sus participaciones y presentárselas al profesor para su corrección en grupo.

Finalmente, pida a sus alumnos que presenten el vídeo a toda la clase y haga un visionado general con toda la clase. Si lo desea, al final del visionado de todos los vídeos puede hacer con la clase una votación para elegir "el mejor vídeo del instituto".

ACTIVIDAD DE DIFERENCIACIÓN

Si no tiene incoveniente, los alumnos con más nivel podrán preparar una entrevista con su profesor de español y grabarla en vídeo o en audio.

1.6 Me gusta el deporte

Objetivos

Vocabulario:
- Los deportes y los deportistas
- Verbos y adjetivos para describir actividades deportivas

Gramática:
- Los verbos jugar, hacer y practicar

Competencias comunicativas:
- Conocer diferentes tipos de deportes y poder hablar sobre ellos

1 Vocabulario

Actividad preparatoria

Lleve a clase, o proyéctelas si dispone de los medios de necesarios, fotos de diferentes deportes y pregunte a sus alumnos sobre el tema de esta unidad.

Pregúnteles por sus deportes favoritos.

Desarrollo de la actividad

Diga a sus alumnos que miren los pictogramas y, con la ayuda del diccionario, encuentren los nombres de los deportes y escriban en sus cuaderno dos listas con los nombres de los deportes que aparecen en la actividad, según se usen con "jugar" o con "hacer".

ACTIVIDAD DE DIFERENCIACIÓN

Proponga a los alumnos más aventajados un juego de vocabulario. Dígales que escriban la palabra DEPORTES y, con la ayuda del diccionario, busquen nombres de deportes que empiecen por cada letra de la palabra.

- **D** ardos, danza deportiva
- **E** sgrima, equitación, esquí
- **P** iragüismo, petanca, pesca, pimpón, patinaje, polo
- **O** ...
- **R** ugby, remo
- **T** enis, tenis de mesa, triatlón, tiro con arco, taekwondo,
- **E** sgrima, equitación, esquí
- **S** quash, sumo, surf

Solución

1	fútbol	7	atletismo
2	judo/karate	8	baloncesto
3	tenis	9	gimnasia
4	rugby	10	equitación
5	balonmano	11	golf
6	vela	12	remo

Jugar: fútbol/tenis/rugby/balonmano/baloncesto/golf

Hacer: judo/kárate/vela/atletismo/gimnasia/equitación/remo

2 Expresión escrita y oral

Actividad preparatoria

Explique a sus alumnos que deberán responder por escrito a una serie de preguntas sobre el deporte.

Desarrollo de la actividad

Esta actividad tiene varias partes. La primera será individual y de expresión escrita. Una vez que sus alumnos hayan contestato por escrito a las preguntas, agrúpelos de la manera que considere oportuna y dígales que intercambien sus opiniones sobre el deporte.

Pida a los alumnos que comparen sus respuestas para elaborar entre todos una lista con los deportes favoritos y los más practicados por los alumnos.

ACTIVIDAD DE DIFERENCIACIÓN

Pida a sus alumnos con más nivel que elaboren un par de preguntas más sobre el deporte que sus compañeros tendrán que responder.

3 Comprensión lectora

Actividad preparatoria

Si disponen de los medios técnicos, busque en internet alguna actuación de patinaje artístico en la que participe Javier Martínez y pregunte a sus alumnos si conocen el nombre de este deporte, si les gusta y si conocen el nombre del patinador. Si no, aproveche la foto de la actividad.

Desarrollo de la actividad

Pregunte a sus alumnos por el tipo de documento que deben leer (entrevista) y dígales que hagan una lectura individual y que respondan a las preguntas.

Anímelos a que usen el diccionario para buscar y aprender el vocabulario que desconocen.

ACTIVIDAD DE DIFERENCIACIÓN

Proponga a sus alumnos menos aventajados que, en parejas, lean en voz alta la entrevista a Javier Fernández para practicar la pronunciación y la entonación. En el caso de que escuche errores graves de pronunciación, corríjalos y hágales repetir.

Proponga a sus alumnos más aventajados que escriban un par de preguntas más para Javier Martínez.

Solución
1. Patinaje artístico.
2. Con 6 años.
3. Piensa que en España el deporte es todavía un deporte masculino.
4. En Canadá.
5. Porque las condiciones no son buenas. Faltan algunas cosas.
6. Un patinador japonés, subcampeón del mundo.

4 Vocabulario

Actividad preparatoria
Vuelva a insistir en la importancia de seleccionar correctamente el final de las palabras teniendo en cuenta el género de las palabras y la concordancia masculino/femenino de los adjetivos.

Diga a sus alumnos que recuerden las reglas y las escriban en sus cuadernos con algunos ejemplos.

Desarrollo de la actividad
Diga a sus alumnos que trabajen en parejas. Haga una puesta en común en grupo y pida a sus alumnos que lean en voz alta sus hipótesis y deducciones a la regla.

ACTIVIDAD DE DIFERENCIACIÓN

Diga a sus alumnos más aventajados que elaboren un póster o una presentación con el ordenador sobre las reglas de la concordancia y el género de las palabras para presentar en clase.

Solución
1. Jugador/a de fútbol/futbolista
2. Judoka
3. Ciclista
4. Jugador/a de balonmano
5. Tenista
6. Boxeador/a
7. Atleta
8. Jugador/a de baloncesto
9. Patinador/a
10. Karateka

(posible) Regla: En general para deportes colectivos se emplea jugador/a de…

Se usa la terminación -ista (masculino y femenino) para deportes individuales. Algunos deportes particulares y especiales (judo, kárate, patinaje, atleta, boxeador, etc…) suelen tener su propia denominación para los deportistas.

5 Expresión escrita

Actividad preparatoria
Diga a sus alumnos que miren la foto y hagan una descripción de lo que ven y la situación.

Desarrollo de la actividad
Explique a sus alumnos que deberán escribir un texto o una presentación en en ordenador sobre un tema específico: la bandera y el logo de los juegos olímpicos. Para ello, deberán escribir sus propias conjeturas o, mucho mejor, realizar un trabajo de investigación previo, en clase o en casa, para informarse sobre el tema.

Una vez escrito el texto o la presentación, dígales que lean sus trabajos para toda la clase.

6 Comprensión auditiva

Actividad preparatoria
Lleve a clase una foto de gente jugando al rugby y péguela en la pizarra. Pida a sus alumnos que le den información sobre este deporte.

Desarrollo de la actividad
Comente a sus alumnos que van a escuchar a varios jóvenes hablando sobre los deportes que practican. La tarea consistirá en completar el cuadro con toda la información solicitada. Antes de realizar el ejercicio deje un par de minutos a los alumnos para que lean las cuatro categorías y se preparen para la audición. Repita la audición tantas veces como crea necesaria.

Transcripción del audio: Pista 9

Voz 1 (chico): Yo juego a un deporte que se juega solo con las manos. Cada equipo está compuesto por 7 jugadores, 6 jugadores de campo más el portero, y se necesita un balón. Es un deporte colectivo y se juega en una pista rectangular de 40 metros de largo y 20 metros de ancho con dos porterías.

Voz 2 (chica): Yo practico un deporte que tiene su origen en Japón. Es un deporte individual y se necesita un uniforme especial, generalmente de color blanco, que se llama "judogi". Este deporte es un tipo de arte marcial y se practica en una superficie que se llama "tatami". Aunque este deporte es una lucha o combate para derribar al luchador contrario, está prohibido, por ejemplo, golpear en la cara o dar patadas.

Voz 3 (chica): Yo juego a un deporte colectivo, en equipos de 5 personas. Para jugar a este deporte se necesita una pelota y dos canastas. Las personas que juegan a este deporte suelen ser muy altas y las reglas más importantes son botar el balón y no tocar al jugador del equipo contrario.

Voz 4 (chico): Pues yo necesito una piscina para hacer mi deporte. Bueno, una piscina y un bañador y unas gafas especiales. Es un deporte de los llamados "acuáticos" y se hace normalmente solo y a veces en equipos, uno detrás de otro, pero no juntos. La única regla es nadar más rápido que los otros y llegar el primero.

Solución

¿Qué deporte es?	¿Qué tipo de deporte es?	¿Qué se necesita?	¿Qué reglas tiene?
Balonmano	Colectivo	Balón 2 Porterías Pista de 40 × 20	Equipos de 7 jugadores Jugar solo con las manos
Judo	Individual / arte marcial lucha	Judogi Tatami	Derribar al luchador contrario No se puede golpear en la cara ni dar patadas
Baloncesto	Colectivo	Balón 2 canastas Ser alto	Botar el balón No tocar al jugador contrario
Natación	Individual / colectivo acuático	Piscina Bañador Gafas	Nadar rápido Llegar el primero

7 Expresión escrita y oral

Actividad preparatoria
Seleccione algunas de las descripciones escritas por sus alumnos en la actividad de diferenciación anterior y pida algún voluntario para leerlas.

Desarrollo de la actividad
Ahora pida a sus alumnos que sean ellos los que describan brevemente de forma escrita en sus cuadernos algunos deportes. Si lo desean puede decirles que usen los criterios de la actividad anterior. Luego, en parejas o con toda la clase, dígales que los lean para intentar adivinar de qué deporte se trata.

8 Comprensión lectora

Actividad preparatoria
Pregunte a sus alumnos si saben qué es la capoeira y/o si alguno de ellos la practica. Para poder entender mejor el texto de la actividad puede anticipar un poco de información con algunas preguntas del tipo:

¿De qué país es originaria la capoeira?, ¿Es un arte marcial como el judo?, ¿Es un deporte que se practica con música?, ¿Es un deporte individual o colectivo?

Desarrollo de la actividad

A continuación dígales que lean los fragmentos y traten de organizar el texto según la información. La actividad podrán hacerla individualmente o en parejas. Una vez ordenado el texto, dígales que busquen una palabra para clasificar o resumir la información de cada uno de los fragmentos.

Para terminar esta actividad sería muy interesante que buscara en YouTube algún vídeo sobre capoeira para verlo junto con sus alumnos.

ACTIVIDAD DE DIFERENCIACIÓN

Para los alumnos más aventajados, proponga que busquen un deporte y traten de escribir un texto sobre él, organizado según aspectos como la definición, el origen, lugares de práctica y los beneficios.

Solución

1 d Definición
2 b Origen
3 a Música e instrumentos
4 f Berimbau
5 c Lugar de práctica
6 e Beneficios

9 Expresión oral

Actividad preparatoria

Comente a sus alumnos algunas estructuras fáciles para explicar reglas:

Se puede/No se puede ...   Hay que ...   Los jugadores deben/tienen que ...

Desarrollo de la actividad

Explique a sus alumnos que la tarea será crear un nuevo deporte y explicar sus reglas. Con toda la información y el material que tengan, deberán presentar el nuevo deporte con la ayuda de un vídeo con sus móviles y/o cámaras fotográficas digitales o un póster para presentar a toda la clase.

ACTIVIDAD DE DIFERENCIACIÓN

Pida a sus alumnos más aventajados que escriban un folleto con todos los deportes que se han creado en clase con fotos y sus reglas.

10 Expresión oral

Actividad preparatoria

Explique a sus alumnos que deberán preparar y representar una entrevista al inventor de uno de los nuevos deportes de la actividad anterior.

Haga una puesta en común con los alumnos para hacer una selección de posibles temas y preguntas.

Desarrollo de la actividad

Para realizar la entrevista, deberán trabajar en parejas o en grupos y preparar primero, de forma escrita, las preguntas y las respuestas. Una vez escrita, deles tiempo para que las preparen y las representen. Como modelo, podrían ayudarse de la entrevista a Javier Fernández de la actividad 3.

Transcripción del audio: Pista 10

Voz 1: ¿Qué asignaturas te gustan más?
Voz 2: Mis asignaturas favoritas son Matemáticas y Francés.
Voz 1: ¿Y cómo es tu profesora de Matemáticas?
Voz 2: No me gusta nada. Es antipática.
Voz 1: ¿Dónde está el instituto en el que estudias? ¿En el centro?
Voz 2: No. En las afueras de la ciudad.
Voz 1: ¿Haces deporte en el colegio?
Voz 2: Sí, claro. Tenemos Educación Física.
Voz 1: ¿A qué hora empieza la clase?
Voz 2: A las diez menos cuarto.

Actividades de repaso

1 1 D 2 C 3 C 4 A

Se trata de una actividad de comprensión auditiva en la que se proponen al alumnos cuatro opciones para cada pregunta.

2 1 C 2 A 3 A 4 A

Este es un típico ejemplo de comprensión lectora en el que se le da al alumnos tres posibilidades de elección. Se trata de frases e informaciones cortadas que habrá que completar según la información que se desprende del texto. Tenga en cuenta que en ningún caso es posible una doble posibilidad en las respuestas.

Cambridge IGCSE Spanish as a Foreign Language

Unidad 2: Vida personal y social

2.1 Familia y amigos

Objetivos

Vocabulario:
- Familia y amigos
- El parentesco
- Adjetivos para describir personas

Gramática:
- Comparativos y superlativos
- Aumentativos
- Diminutivos

Competencias comunicativas:
- Preguntar y dar información básica sobre la familia y los amigos
- Describir e intercambiar información sobre una persona
- Hacer comparaciones entre personas

1 Vocabulario y comprensión lectora

Fotografías para recordar. Mira las siguientes fotografías sobre familia y amigos y decide quién habla.

Actividad preparatoria

Preséntese a los alumnos y explíqueles cómo es su familia. Señale las fotos a los alumnos y pregúnteles que describan algunas de las personas que aparecen y por su parentesco.

Desarrollo de la actividad

Haga que los alumnos lean el texto en voz alta. Luego, individualmente o en grupos de dos pregunte a los alumnos quiénes son las personas que hablan de las fotografías

Solución

Respuesta 1: Alberto es el hombre de la derecha con la niña en brazos. Marta es la chica rubia que está leyendo el libro rojo. Rosa es la chica del extremo derecho de la misma foto.

> **ACTIVIDAD DE DIFERENCIACIÓN**
>
> Diga a los alumnos más aventajados que describan con todo detalle de forma escrita cada una de las personas que salen en las fotografías.

2 Expresión escrita

Actividad preparatoria

Repase con los alumnos el vocabulario sobre la familia que ha aparecido en esta subunidad hasta ahora y la que se presenta en este ejercicio.

Pida a los alumnos que busquen el significado de las nuevas palabras presentadas en el ejercicio.

Presente la fotografía a los alumnos e introduzca a los alumnos los conceptos a la derecha de la foto/ a la izquierda de la foto / en el centro de la foto + vemos/ se puede ver...

Desarrollo de la actividad

En grupos de dos estudiantes, pida a los alumnos que describan entre ellos el parentesco de al menos diez de los personajes que aparecen en la fotografía.

> **ACTIVIDAD DE DIFERENCIACIÓN**
>
> Los alumnos más aventajados pueden buscar una fotografía sobre su propia familia y hacer una presentación oral en clase.
>
> Los alumnos menos aventajados pueden hacer una lista en el cuaderno con las palabras estudiadas en la lección.

3 Comprensión auditiva

Antes de escuchar, pide a la clase que se enfoquen en el vocabulario acerca de la familia y que anticipen, o adivinen, lo que va a decir Enrique.

> 🔊 **Transcripción del Audio:** Pista 11
>
> Voz 1: ¡Hola a todos!
>
> Voz 2: ¡Hola, buenos días!
>
> Voz 1: Hola a todos. Hoy os voy a hablar un poco sobre mi familia. Me llamo Enrique y vivo en Argentina y acabo de cumplir quince años. Mi padre y mi madre son muy simpáticos y tienen la misma edad, cincuenta años. Trabajan en una escuela de profesores de lengua y tenemos las mismas vacaciones. Tengo un hermano que trabaja en un banco y otro hermano que está estudiando en el instituto conmigo y que cumple diecisiete años en diciembre. Me llevo muy bien con mis hermanos porque son muy divertidos.
>
> Mi abuelo vive con nosotros en casa pero mi abuela murió hace dos años. Los otros dos abuelos viven en la ciudad de Córdoba, en el norte de Argentina. Tengo un montón de primos, en total son doce repartidos entre Argentina, Perú y Paraguay y cinco tíos. Una vez al año nos juntamos todos para festejar la Navidad. Me encanta mi familia, es muy grande y animada. Ahora os paso algunas fotos a todos, si os parece bien.

Solución

Hermanos	2
Hermanas	0
Abuelos	3
Primos	12
Tíos	5
Sobrinos	No se mencionan

4 Expresión escrita

Actividad preparatoria

Pregunte a los alumnos si han escrito alguna vez una carta a un estudiante hispanohablante.

Añada que es muy importante seguir una estructura concreta para escribir una carta informal.

Desarrollo de la actividad

Pida a los alumnos que lean la carta y escriban una respuesta a Rubén contestando a las preguntas y siguiendo el modelo de carta informal propuesto.

Es importante que los estudiantes tengan en cuenta el vocabulario de parentesco.

Preguntas claves para contestar ¿Y tú, Marta? ¿Cómo es tu familia? ¿Tienes hermanos o primos? ¿Qué edad tienen?

¿Qué estás estudiando en estos momentos?

> **ACTIVIDAD DE DIFERENCIACIÓN**
>
> Los alumnos menos aventajados se pueden concentrar solo en las preguntas y contestarlas a parte. Luego, el profesor les puede dar una introducción del esquema de una carta informal para tenerlo en cuenta cuando la escriban más adelante durante el curso.

5a Expresión oral

Actividad preparatoria

Explique a los alumnos que van a ampliar la descripción de personas en una fotografía mediante conceptos concretos que están dentro de nubes digitales.

Indique a los alumnos que lean cada una de las nubes y explique el vocabulario que no entiendan sobre descripción física de personas.

Indique a los alumnos que van a utilizar el vocabulario del cuadro en la misma página para describir de forma precisa las personas que aparecen en la imagen.

Desarrollo de la actividad

Pida a los alumnos que en grupos de dos describan a los personajes de la familia numerosa de la foto. Para hacer una descripción más detallada. El estudiante tiene que utilizar las expresiones del cuadro en la misma página.

Luego, indique a los alumnos que contesten las preguntas sobre la familia.

> **ACTIVIDAD DE DIFERENCIACIÓN**
>
> Los alumnos menos aventajados pueden hacer descripciones más cortas sobre cinco de los personajes de la fotografía y después presentarlo en clase.

5b Indique a los alumnos que contesten a las preguntas en grupos de dos. Explique a los alumnos que con ayuda de estas palabras pueden describir las fotografías de forma más detallada. Añada que, además de la descripción física, el alumno puede dar su propia opinión sobre las personas que aparecen en las imágenes utilizando expresiones como "Yo creo que el niño de la derecha es muy simpático" o "me parece que la chica de la izquierda es bastante agradable."

Cambridge IGCSE Spanish as a Foreign Language

Indique a los alumnos que describan la fotografía con ayuda de las expresiones que se plantean.

6 Comprensión lectora

Actividad preparatoria

Indique a los alumnos que van a leer cinco pensamientos de amistad que ha escrito Inés a sus mejores amigos poco antes de irse a vivir con sus padres a Alemania.

ACTIVIDAD DE DIFERENCIACIÓN

Pregunte a los alumnos más aventajados si han pasado por una experiencia similar a la de Inés.

Desarrollo de la actividad

Indique a los alumnos que lean individualmente los pensamientos de amistad que Inés escribe a sus mejores amigos.

Explique que la actividad se centra en buscar todos los adjetivos que utiliza Inés para describir a sus amigos.

Pida a sus alumnos que coloquen los adjetivos que Inés utiliza para describir a sus amigos en el cuaderno.

Solución

1. alegre, cariñosa
2. simpático, cortés, encantador
3. optimista, trabajador, tímido
4. honesta, fuerte, encantadora, divertida
5. elegante, guapa, agradable

ACTIVIDAD DE DIFERENCIACIÓN

Pida a los alumnos más aventajados que escriban tres pensamientos de amistad para tres amigos similares a los de Inés utilizando los adjetivos estudiados en este apartado.

Los alumnos menos aventajados pueden realizar esta actividad junto a otro alumno, apuntando los adjetivos en su cuaderno de notas.

7 Expresión oral

Actividad preparatoria

Diga a los alumnos que en la actividad anterior han empezado a ampliar el vocabulario con adjetivos de corte positivo. La presente actividad amplia el léxico con nuevos adjetivos que pueden considerarse positivos, negativos y neutros.

Desarrollo de la actividad

Indique a los alumnos que han de trabajar en grupos de dos.

Diga que van a hablar con su compañero sobre tres de sus mejores amigos.

Pida a los alumnos que utilicen como mínimo cuatro adjetivos para describir cada uno de sus mejores amigos.

Indique a los alumnos que pueden utilizar también los adjetivos del ejercicio anterior y los adjetivos de descripción física.

ACTIVIDAD DE DIFERENCIACIÓN

Pida a los alumnos más aventajados que escojan a dos personajes famosos y los describan en clase. Pueden utilizar material digital para la presentación.

Indique a los alumnos menos aventajados que creen tres columnas con los adjetivos aprendidos en la actividad cinco y seis. En la primera columna han de colocar los adjetivos con significado positivo, en la segunda los que se pueden considerar neutros y en la tercera los que son negativos.

Pida a los alumnos que describan a tres de sus amigos con tres adjetivos cada uno.

La amistad en España

Detalles culturales sobre la amistad en los pequeños pueblos del sur de España.

Amplíe la información con detalles de la vida en Andalucía y Extremadura.

Pregunte a los alumnos si hay diferencias con la vida de los jóvenes de sus respectivos países.

8 Expresión escrita

Actividad preparatoria

Indique a los alumnos que van a comparar los cinco superhéroes. Revise la parte gramatical anterior antes de empezar esta actividad.

Amplíe el vocabulario utilizando palabras como antifaz, traje, capa, botas o guantes.

Pregunte a sus alumnos cuál es su superhéroe favorito y por qué.

Desarrollo de la actividad

Indique a los alumnos que tienen que comparar a los cinco superhéroes que aparecen en la fotografía.

Pida que escriban diez frases en las que combinen frases comparativas, superlativas, aumentativas y diminutivas.

Pida a los alumnos que las lean en voz alta.

ACTIVIDAD DE DIFERENCIACIÓN

Pida a los alumnos más aventajados que escojan a cinco superhéroes, a cinco deportistas de élite o a cinco cantantes de pop y hagan comparaciones. Esta actividad se puede hacer de forma oral o escrita.

2.2 Salir y divertirse – el ocio

Objetivos

Vocabulario:
- Las aficiones y el tiempo libre
- Las invitaciones
- Las citas
- Programas de televisión y tipos de películas

Gramática:
- El presente continuo

Competencias comunicativas:
- Hablar e intercambiar información sobre las aficiones
- Hablar sobre el tiempo libre
- Aceptar o rechazar una invitación
- Hablar sobre una cita
- Hablar sobre programas de televisión y tipos de películas

1 Vocabulario y comprensión lectora

Actividad preparatoria
Presente a los alumnos las ocho fotografías. Pregunte a los alumnos qué ven en las fotografías. Introduzca la palabra fin de semana, ocio y tiempo libre a los alumnos.

Desarrollo de la actividad
Pida a los alumnos que escriban el número correcto para dar dibujo relacionado con las actividades de ocio.

Solución
1 E **2** G **3** H **4** C **5** D **6** B **7** A **8** F

2 Comprensión lectora

Actividad preparatoria
Presente a los alumnos el tema, consejos prácticos para un día de lluvia.

Antes de leer el texto pregunte a los alumnos qué actividades hacen cuando hace mal tiempo y se quedan en casa.

Explique que el texto propone seis actividades para pasar un día de lluvia con un amigo en casa.

Desarrollo de la actividad
Lea el texto con los alumnos o haga leer el texto a los alumnos en silencio o en voz alta.

Pida a los alumnos que hagan la actividad de respuesta múltiple.

Solución
1 B **2** C **3** B **4** C **5** C

> **ACTIVIDAD DE DIFERENCIACIÓN**
>
> Pida a los alumnos más aventajados que piensen en tres consejos más y los escriban en su cuaderno.
>
> Pida a los alumnos menos aventajados que hagan una presentación con las siguientes actividades: cocinar, ir en bicicleta, bailar, dibujar, ver películas. Pueden buscar fotografías de cada una de las actividades y escribir su propia opinión con la frase "Me gusta… No me gusta… Ejemplo: Me gusta cocinar, no me gusta dibujar".

3 Expresión escrita

Actividad preparatoria
Presente a los alumnos el tema de los albergues de campamentos de verano en España. Puede incluir fotografías de internet y folletos publicitarios.

Pregunte a los alumnos si han estado alguna vez en un campamento de verano y si les ha gustado.

Pregunte a los alumnos qué actividades se suelen hacer en los campamentos de verano.

Explique algunos de los detalles que aparecen en la fotografía. Utilice expresiones como "en el campo", "al aire libre", "montaña", "río", "parque natural".

Indique a los alumnos que van a aprender como se escribe un correo electrónico. Explique la estructura y formato en español de un correo electrónico. Utilice el ejemplo del libro.

Desarrollo de la actividad
Diga a los alumnos que tienen que completar el correo electrónico.

Explique a los alumnos que pueden utilizar los días de la semana como referencia como por ejemplo "los martes", "los miércoles", "los jueves", etc.

Explique a los alumnos que también pueden usar los diferentes momentos o partes del día como por ejemplo "por la mañana", "al mediodía", "por la tarde", "por la noche".

ACTIVIDAD DE DIFERENCIACIÓN

Diga a los alumnos más aventajados que busquen información sobre la Sierra de Gredos.

Explique a los alumnos que pueden entrar en la página web de Gredos Center y apuntar las actividades en español que ofrece el centro.

Mientras que los otros alumnos buscan información sobre la Sierra de Gredos, los alumnos menos aventajados pueden hacer una lista diferenciada en columnas y por días de la semana sobre las actividades que pueden hacer en un campamento. Esta actividad puede ampliarse a un horario que puede ser presentado en la clase.

Campamentos de verano

Lectura sobre la oferta de campamentos en España.

Los campamentos, sobre todo los de verano, son muy populares entre los jóvenes en España.

Pregunte a sus alumnos si hay campamentos similares en sus respectivos países. Los alumnos pueden hacer una breve descripción de los campamentos en los que han estado

Actividad preparatoria

Haga una ampliación sobre los campamentos de verano en España. Los alumnos pueden buscar información por internet sobre la oferta y las actividades que se ofrecen.

Desarrollo de la actividad

Lea con los alumnos el texto. Pídales que apunten las actividades que se ofrecen y lo que está incluido en los campamentos.

4 Comprensión oral

Actividad preparatoria

Presente la fotografía a los alumnos de la parte superior de la actividad. ¿Qué está haciendo los tres chicos? ¿Dónde están?¿Cómo creéis que pasan su tiempo libre?

Desarrollo de la actividad

Lea con los alumnos las preguntas de la actividad.

Divida la clase en grupos de dos a cuatro alumnos para que contesten las preguntas.

ACTIVIDAD DE DIFERENCIACIÓN

Pida a los alumnos más aventajados que escojan a un portavoz para que explique las respuestas de su grupo en tercera persona. Si el grupo es solo de dos, pueden realizar la actividad ambos alumnos.

5 Gramática

Actividad preparatoria

Haga una introducción sobre el uso del presente continuo en español. Puede utilizar la frase "Juan está durmiendo" para avisar sobre los cambios vocálicos en el gerundio que se van a encontrar.

Desarrollo de la actividad

Explique la actividad del presente continuo en español.

Haga hincapié en los cambios vocálicos y los pronombres reflexivos.

Solución

a estamos leyendo
b está nadando
c está estudiando
d estáis entrenando
e estoy/estamos comiendo
f estás escuchando
g está durmiendo

6 Comprensión lectora

Actividad preparatoria

Presente el ejercicio a los alumnos.

Pida a los alumnos que describan lo que ven en las fotografías.

Escriba una lista con las palabras que no sepan.

Desarrollo de la actividad

Pida a los alumnos que emparejen las fotografías con los diálogos que se presentan.

Solución

1 B 2 A 3 E 4 F 5 C

ACTIVIDAD DE DIFERENCIACIÓN

Pida a los alumnos menos aventajados que escriban una invitación de cumpleaños para el resto de los alumnos de la clase. Esta actividad se puede aprovechar como actividad de ampliación con los otros alumnos que tienen que escribir si aceptan la invitación o no la aceptan dando razones similares a las que se dan en el ejercicio.

7 Comprensión oral

Actividad preparatoria

Introduzca a los alumnos el verbo quedar: ¿Dónde quedamos? ¿A qué hora quedamos?

Diga a los alumnos que miren el mapa. Introduzca la palabra mapa y quedar con los amigos en un lugar.

Frases útiles para invitaciones

Lea con los alumnos las frases útiles que aparecen en este apartado.

Indique que pueden cambiar parte de las frases para crear un nuevo diálogo entre dos alumnos.

Explique los lugares que aparecen en la caja de texto.

Desarrollo de la actividad

En grupos de dos, los alumnos tienen que crear diálogos cambiando las frases que están subrayadas y utilizando las palabras de la caja de texto. Luego pueden presentar sus diálogos en clase.

ACTIVIDAD DE DIFERENCIACIÓN

Haga un repaso de las horas con los alumnos menos aventajados. Después pida que escriban los diálogos del libro con los lugares de la caja de texto en el cuaderno.

Cómo escuchar

Explique a los alumnos que para escuchar bien una pieza de audio en español tienen que reconocer las palabras y frases claves para entender el mensaje principal y prestar atención a lo que se les pide. Una buena base de vocabulario y el contexto en el que se engloba la actividad ayuda a reconocer el sentido de las palabras y las frases que se escuchan.

Presente a sus alumnos la transcripción de la actividad de audio después de hacer el ejercicio para ver en qué ha fallado el alumno y cómo puede mejorar esta parte.

---

8 Comprensión auditiva

Diga a los alumnos que van a escuchar tres diálogos de amigos que quieren quedar para salir. Tienen que completar la tabla.

Transcripción del Audio Pista 12

A Voz 1: ¿Por qué no vamos esta noche al concierto de rock?

Voz 2: ¡Perfecto! ¡Tengo muchas ganas!

Voz 1: ¿Quedamos frente al estadio a las seis y media?

Voz 2: De acuerdo. Hasta luego.

B Voz 1: ¿Te apetece ir al club de jóvenes esta tarde?

Voz 2: Prefiero ir el martes.

Voz 1: Vale. ¿A qué hora te va bien?

Voz 2: A las siete y cuarto.

Voz 1: Nos vemos entonces.

C Voz 1: ¿Quedamos hoy a las cinco, verdad?

Voz 2: Sí. Mi hermana viene conmigo con las raquetas de tenis después de la escuela.

Voz 1: Muy bien. ¿Quedamos entonces en la cancha de tenis frente al polideportivo para jugar un partido?

Voz 2: Prefiero quedar en la parada de metro. Me va mejor.

Voz 1: Vale. Quedamos en la parada de metro a las tres. Hasta luego.

Voz 2: Adiós.

Solución

	Lugar para quedar	Día y hora	Actividad
A	Frente al estadio	Seis y media	Concierto de rock
B	Club de jóvenes	El martes a las siete y cuarto	–
C	Parada de metro	A las tres	Jugar un partido

9 Comprensión oral

Actividad preparatoria
Introduzca las palabras programas de televisión y películas.

Desarrollo de la actividad
Indique a los alumnos que van a hacer una presentación sobre los diferentes tipos de programas de televisión y películas que les gustan.

Lea con los alumnos los cuadros de texto sobre los diferentes tipos de programas de televisión y los tipos de películas.

Indique que tienen que hacer una presentación, preferiblemente en formato electrónico, con fotos sobre los tipos de programas de televisión y tipos de películas que les gustan.

Diga a los alumnos que tienen que justificar su respuesta como en el ejemplo.

La presentación se puede hacer individualmente o con un compañero.

> **ACTIVIDAD DE DIFERENCIACIÓN**
>
> Indique a los alumnos más aventajados que amplíen su presentación con los programas de televisión y tipos de películas que no les gustan.
>
> Diga que pueden utilizar las expresiones "me gustan mucho", "me gustan bastante", "no me gustan nada", "detesto". Pueden completar las frases dando sus razones.
>
> Para los alumnos menos aventajados diga que no indiquen la justificación.

2.3 Las compras

Objetivos

Vocabulario:
- Las tiendas y sus productos
- Tallas, colores y expresiones relacionadas con la ropa
- Correos, el banco y la oficina de objetos perdidos

Gramática:
- Los adjetivos demostrativos

Competencias comunicativas:
- Hablar e intercambiar información sobre las tiendas y sus productos
- Hablar sobre tallas, colores y expresiones relacionadas con la ropa
- Hacer preguntas básicas en Correos, un banco y la oficina de objetos perdidos

1 Vocabulario y comprensión lectora

Actividad preparatoria
Presente a los alumnos las nueve fotografías.

Pregunte a los alumnos qué ven en las fotografías.

Introduzca la palabra tienda a los alumnos.

Desarrollo de la actividad
Pida a los alumnos que escriban la letra correcta bajo la casilla correspondiente de cada dibujo relacionado con las tiendas que dé la caja de texto.

Solución
1 I 2 A 3 G 4 C 5 H 6 F 7 B 8 E 9 D

2 Comprensión lectora

Actividad preparatoria
Presente a los alumnos la oferta de compras en Santiago de Chile a través de las fotografías presentadas.

Explique el significado de las palabras horario comercial, grandes almacenes, en oferta, buenos precios, productos de artesanía.

3a Comprensión lectora

Desarrollo de la actividad
Indique a los alumnos que completen la lista de la actividad 3a con lo que se puede comprar en las tiendas y grandes almacenes del texto Compras en Santiago de Chile.

> **ACTIVIDAD DE DIFERENCIACIÓN**
>
> Pida a los alumnos más aventajados que escriban en forma de diario un día de compras con su familia. Tienen que incluir las tiendas que han visitado y los productos que han comprado.

Solución
Solución Casa Ideas: Productos para el hogar, Mall Sport: Camisetas, zapatillas de deporte, bañadores, todo tipo de bolsas, Outlets (Buenaventura y Easton Center): Ropa de marca Pueblito de los Dominicos: Productos típicos chilenos, artesanías y especialidades de la casa, La Tienda Nacional: música, películas y objetos tradicionales

3b Expresión escrita

Actividad preparatoria
Indique a los alumnos que miren atentamente las ilustraciones de la actividad. Pregunte ¿Qué representan estas ilustraciones?

Desarrollo de la actividad
Pida a los alumnos que relacionen los nombres de las tiendas con las ilustraciones correctas.

Solución
1 c 2 f 3 a 4 h 5 b 6 e 7 d 8 g

4 Expresión escrita

Actividad preparatoria
Indique a los alumnos que van a empezar a relacionar los objetos de compra que aparecen en esta actividad con las tiendas correspondientes.

Desarrollo de la actividad
Lea con los alumnos los artículos de compra y comida que aparecen en la caja de texto. Aclare el significado de las palabras que no conozcan.

Pida a los alumnos que coloquen las palabras de la caja de texto en la sección correcta.

Solución

Juguetería: juguetes. Panadería: pan. Carnicería: salchichas. Pescadería: marisco, salmón, sardina Frutería: frambuesas, cerezas, manzanas, melón. Tienda de ropa: camisetas, vestidos, chaquetas de cuero, cinturones, faldas, pantalones, sombreros, paraguas, guantes, vaqueros, bufanda. Zapatería: zapatos, zapatillas, sandalias, botas. Perfumería: perfume, colonia. Joyería: pendientes de oro, pulseras de plata, collares, anillos.

ACTIVIDAD DE DIFERENCIACIÓN

Pida a los alumnos menos aventajados que hagan una presentación con los artículos de compra adjuntando imágenes.

Vocabulario

Pida a los alumnos que van a leer una serie de palabras conectadas con sus recipientes, tamaño o peso.

5 Comprensión oral

Actividad preparatoria

Pida a los alumnos que se preparen para hacer una actividad oral en grupos de dos. Cada uno de ellos tendrá que contestar a las preguntas y anotar la información en el cuaderno.

Desarrollo de la actividad

Active a los grupos para que hagan las preguntas sobre la compra y tiendas. Indique que pueden utilizar la tabla de vocabulario anterior.

Luego, diga a cada uno de los alumnos que explique individualmente qué ha dicho su compañero.

ACTIVIDAD DE DIFERENCIACIÓN

Indique los alumnos más aventajados que pueden utilizar las preguntas para hacérselas al profesor.

¿Qué forma van a usar? Indique que va a ser usted la forma que van a tener que utilizar.

6 Comprensión auditiva

Actividad preparatoria

Indique a los alumnos que van a escuchar la primera experiencia de vivir sola de una estudiante universitaria en Granada.

Pida que escuchen su explicación y pongan una cruz en los lugares que hay cerca de su casa.

Transcripción del audio: Pista 13

Voz 1:

Granada es una ciudad perfecta para estudiantes universitarios de todo el mundo. Pequeña, bonita y rodeada de montañas, es el lugar ideal para vivir. Acabo de llegar y ya he hecho muchos amigos. Vivo en un piso con otros cuatro estudiantes y la convivencia es muy buena, la verdad.

En el barrio donde vivo hay un gran hipermercado. Allí puedo comprar de todo, fruta, carne, huevos, leche y hasta ropa si quiero. Justo al lado hay una farmacia con todo tipo de medicamentos y una agencia de viajes para jóvenes universitarios por si quiero reservar noches en albergues o pasajes de tren. A unos cien metros está Correos donde puedo comprar sellos y enviar cartas y justo en la esquina tengo un quiosco con revistas y periódicos. Una maravilla. También hay un par de cafés para ir a desayunar o pasar la tarde leyendo.

Tengo mucha suerte de vivir en esta parte de Granada. Hay de todo. ¿Y tú? ¿Qué tiendas hay cerca de tu casa?

Solución

hipermercado, farmacia, agencia de viajes, Correos, quiosco

7 Expresión escrita

Actividad preparatoria

Presente a los alumnos las fotografías de cada uno de los diálogos.

Explique las palabras rebajas, cartas, cambio y objetos perdidos que aparecen en las imágenes.

Desarrollo de la actividad

Pida a los alumnos que rellenen cada uno de los espacios con las palabras correspondientes.

ACTIVIDAD DE DIFERENCIACIÓN

Indique a los alumnos más aventajados que cambien las partes del diálogo vacías con otras palabras cuando así sea posible. Luego, pueden presentar el nuevo diálogo en forma de pequeña obra de teatro.

Pida a los alumnos menos aventajados que hagan la actividad con su compañero. Indique que tienen que apuntar las nuevas expresiones y palabras en su cuaderno.

Solución

Tienda de Ropa – Valencia
escaparate, queda, talla, cuesta, verde, temporada, pantalones

Oficina de Correos – Toledo
paquete, formulario, sello, efectivo, recibo

Banco Santander – Madrid
cambiar, cuenta, pasaporte

Oficina de objetos perdidos, estación de trenes AVE – Girona
bolsa, contenido, cuadros, rayas, pares, ficha

8 Expresión escrita

Actividad preparatoria
Explique a través del cuadro gramatical los adjetivos demostrativos. Puede ampliar este apartado pidiendo a los alumnos que los practiquen de forma oral o escrita con nuevas palabras para el masculino singular y plural y el femenino singular y plural.

Desarrollo de la actividad
Indique a los alumnos que deben escoger la palabra correcta entre paréntesis. Pida que tengan muy en cuenta el cuadro gramatical de los adjetivos demostrativos.

Solución
esta, estos, aquel, esas, estas, aquellas, aquellos, aquella, esos, aquella

2.4 Fiestas y celebraciones

Objetivos

Vocabulario:
- Las fiestas tradicionales
- Tipos de celebraciones
- Expresiones con la celebración de una boda

Competencias comunicativas:
- Hablar y dar la opinión sobre las fiestas tradicionales
- Hablar y dar la opinión sobre varios tipos de celebraciones y sus características

1 Vocabulario y comprensión lectora

Actividad preparatoria

Diga a sus alumnos que van a hablar de fiestas y tradiciones muy populares en España. Sin mirar las fotografías puede preguntarles si han estado en alguna fiesta o tradición española.

Desarrollo de la actividad

Pida a los alumnos que miren las fotografías. ¿Qué ven?

Pregunte a los alumnos si conocen estas celebraciones. Indique que tienen que emparejar las fotografías con las celebraciones. Si quieren, pueden también adivinar las celebraciones a través de palabras que conozcan en español.

Solución

1. Las fallas de Valencia
2. La noche de San Juan de Barcelona
3. La tomatina de Buñol
4. El Carnaval de Tenerife
5. Semana Santa en Sevilla
6. Los San Fermines de Pamplona

ACTIVIDAD DE DIFERENCIACIÓN

Pida a los alumnos más aventajados que describan con detalle las fotografías.

Luego indique que tienen que presentar una fiesta o celebración popular de su país en clase.

2 Comprensión lectora

Consejos esenciales para la fiesta de quinceañera

Actividad preparatoria

Pregunte a los alumnos si conocen la fiesta de la quinceañera.

Haga una pequeña introducción sobre la fiesta.

Pida que miren las fotografías y extraigan detalles de la fiesta de la quinceañera sin entrar en la lectura del texto.

Explique la palabra "consejos".

Desarrollo de la actividad

Diga a los alumnos que en la siguiente página web van a leer cinco consejos para la fiesta de quinceañera.

Pida que lean individualmente los consejos y hagan el ejercicio de verdadero o falso.

Indique que si la frase es falsa tienen que justificar su respuesta con una frase del texto.

Solución

1. Verdadero
2. Verdadero
3. Falso. Una forma de mostrar tu agradecimiento y hacerles saber lo especial que son para ti es con un pequeño regalo.
4. Verdadero
5. Falso. Ensaladas, sopas, carnes, fruta y tartas siempre tienen éxito entre los más jóvenes y son platos baratos.

ACTIVIDAD DE DIFERENCIACIÓN

Indique a los alumnos menos aventajados que busquen con un compañero el significado de las palabras del texto: quinceañera, decoración, celebración, vestido, regalo, cortejo, diademas, maquillaje, invitaciones, amistades, bodas, bautizo, menú, jóvenes.

3 Comprensión auditiva

Actividad preparatoria

Repase el tema de los diferentes tipos de celebraciones en España a sus alumnos. Puede utilizar las imágenes de la actividad una de la página 59.

Desarrollo de la actividad

Indique a los alumnos que van a escuchar lo que dicen los jóvenes sobre los diferentes tipos de celebraciones en España.

Diga que después tienen que rellenar el cuadro con algunos de los datos que faltan. No hace falta que los alumnos completen todas las características.

Transcripción del audio: Pista 14

Voz 1:
Pamela: La Semana Santa empieza el Domingo de Ramos y termina el Domingo de Resurrección. En Sevilla tenemos la procesión de las hermandades, que acompañan a las imágenes religiosas con una banda musical. Desde los balcones se cantan saetas a las imágenes añadiendo más emoción a las procesiones. Se ha de tener en cuenta que hay muchos turistas y es complicado encontrar hoteles con habitaciones libres, por eso es importante reservar con tiempo.

Voz 2:
Lara: La Navidad en España se vive de forma muy familiar, con la cena de Nochebuena, el 24 de diciembre. La comida típica son los polvorones, el turrón y el cava y después los niños suelen cantar villancicos. Después de la cena hay fiestas en locales en los que se puede bailar o simplemente charlar con los amigos. Es una noche muy entrañable.

Voz 3:
Víctor: La Nochevieja se celebra en España de forma particular. El día 31 de diciembre a las doce de la noche se tocan las doce campanadas por televisión o en la plaza de las ciudades y pueblos y por cada campanada se come una uva, ya que se dice que esta costumbre da suerte. Durante la cena se reúne la familia o grupos de amigos. En la mayoría de los casos, los amigos salen después de medianoche a lugares donde se celebra la entrada el año nuevo con música y muy buen ambiente.

Voz 4:
Luca: La víspera de los Reyes Magos es un día muy esperado para los niños en toda España. El 5 de enero por la noche se celebra la típica cabalgata, que es un desfile con carrozas adornadas y los tres Reyes. Por la noche los niños se van a acostar pronto y los Reyes Magos les traen los juguetes al día siguiente.

Voz 5:
Salvador: En Cataluña la verbena de San Juan es una fiesta muy popular que se celebra la noche del 23 de junio con vecinos, familiares y amigos. Se encienden hogueras en ciudades y pueblos ya que se considera una noche mágica. Hay canciones, baile, mucha comida, cava y fuegos artificiales hasta la madrugada. Es la noche más corta del año.

Solución

Celebración: La Semana Santa, La Navidad, La Nochevieja, La víspera de los Reyes Magos, La verbena de San Juan.

Fecha: Del Domingo de Ramos al Domingo de Resurrección, el 24 de diciembre, el 31 de diciembre, el 5 de enero por la noche, el 23 de junio por la noche.

Características principales: La Semana Santa: Procesión de las hermandades, que acompañan a las imágenes religiosas con una banda musical. Desde los balcones se cantan saetas a las imágenes.

La Navidad: Comida típica con polvorones, turrón y cava. Los niños cantan villancicos. Fiestas en locales en los que se puede bailar o simplemente charlar con los amigos.

La Nochevieja: Se tocan las doce campanadas y por cada campanada se come una uva. Durante la cena se reúne la familia o grupos de amigos. Los amigos salen después de medianoche a lugares donde se celebra la entrada el año nuevo con música y muy buen ambiente.

La víspera de Los Reyes Magos, Hay una cabalgata, que es un desfile con carrozas adornadas y los tres Reyes. Por la noche los niños se van a acostar pronto y los Reyes Magos les traen los juguetes al día siguiente.

La verbena de San Juan: Se encienden hogueras. Hay canciones, baile, mucha comida, cava y fuegos artificiales hasta la madrugada.

4 Comprensión lectora

Actividad preparatoria

Pregunte a los alumnos si conocen el Día de Todos los Santos y el Día de los Muertos. ¿A qué países pertenecen estas tradiciones? ¿En qué fecha se celebran?

Diga a los alumnos que miren la foto. ¿Qué ven?

Desarrollo de la actividad

Diga a los alumnos que van a leer sobre dos tradiciones muy populares que se celebran el uno de noviembre de cada año.

Pida a los alumnos que escriban las semejanzas y diferencias entre la tradición del Día de Todos los Santos en España y la del Día de los Muertos en México, América Central y los Estados Unidos.

Indique que utilicen el recuadro de vocabulario para conectar las frases.

> **ACTIVIDAD DE DIFERENCIACIÓN**
>
> Indique a los alumnos menos aventajados que busquen por internet las imágenes de los objetos principales que aparecen en cada una de las dos tradiciones. Luego tienen que escribir la palabra en español para cada una de las imágenes.

5 Expresión escrita

Actividad preparatoria

Pida a los alumnos que van a escribir sobre las semejanzas y las diferencias entre la tradición del Día de Todos los Santos en España y del Día de los Muertos.

Haga una introducción de los conectores que se presentan en el recuadro del ejercicio.

Desarrollo de la actividad

Diga a los alumnos que escriban su artículo utilizando los conectores presentados en el recuadro.

Semejanzas:
Las dos fiestas se celebran el día uno de noviembre. Además se visitan los cementerios.

Diferencias:
El Día de Todos los Santos se celebra principalmente en España mientras que El Día de los Muertos se celebra en México y en algunos países de América Central, además de en la ciudad de Los Angeles.

En el Día de Todos los Santos se comen típicos dulces como por ejemplo los huesos de santo, los buñuelos o, en Cataluña, los deliciosos pastelitos llamados panellets. La comida en el Día de Los Muertos es diferente. Se ofrecen calaveras de dulce, el pan de muerto, fruta, calabazas y comida y bebidas.

Por otra parte, en el Día de los Muertos se disfrazan y hay música mientras que en el Día de Todos los Santos solo se ofrecen flores.

7 Expresión lectura y escrita

Cinco espacios originales para celebrar una boda que te van a enamorar.

Actividad preparatoria

Explique a los alumnos que van a leer un texto con cinco espacios o lugares donde se puede celebrar una boda.

Use las fotografías para hacer una breve descripción de los lugares con sus alumnos.

Desarrollo de la actividad

Lean el texto juntos en clase.

Pida a sus alumnos que escriban un texto con cinco lugares más utilizando el vocabulario de la caja de texto.

Explique el significado de las palabras de la caja de texto e indique que tienen que escribir una pequeña descripción del evento.

> **ACTIVIDAD DE DIFERENCIACIÓN**
>
> Explique a los alumnos menos aventajados que tienen que buscar los adjetivos de los lugares de cada texto. ¿Con qué adjetivos describe el autor los lugares? Indique que tienen que hacer una lista de los adjetivos que hayan encontrado.

> **El Día de la Madre**
>
> El Día de la Madre es un día muy importante en la vida de los españoles con regalos a las madres.
>
> Lea con sus alumnos la celebración del día de la Madre e indique sus características principales. Pregunte a sus alumnos si hay una celebración similar en su país y cuándo se celebra.

8 Expresión oral

Introduzca la celebración del Día del Padre a los alumnos. Pregunte si se celebra en los países de origen de los alumnos.

Indique que preparen una presentación oral sobre el Día de la Madre o el Día del Padre de su país.

2.5 Comidas y bebidas – dieta saludable

Objetivos

Vocabulario:
- Los diferentes tipos de comida
- Los alimentos y las bebidas
- La gastronomía de diferentes países
- La dieta saludable

Gramática:
- Verbos con sus preposiciones: llevarse bien con, parecerse a, molestar a

Competencias comunicativas:
- Hablar sobre los diferentes tipos de comida
- Preguntar e intercambiar información sobre alimentos y bebidas
- Opinar sobre la gastronomía de diferentes países
- Seguir una receta
- Hablar sobre la dieta saludable

1 Vocabulario y comprensión lectora

Actividad preparatoria
Diga a sus alumnos que van a ver a una familia cocinando en casa en la foto.

Desarrollo de la actividad
Pida a los alumnos que miren la fotografía. ¿Qué ven?

Pida a los alumnos que enumeren con sus compañeros la comida que ven en la fotografía. Pueden utilizar el diccionario.

Solución
Los estudiantes pueden utilizar palabras como legumbres, hortalizas, cebollas, tomates, pimiento verde, amarillo, naranja, rojo, barra de pan

ACTIVIDAD DE DIFERENCIACIÓN

Pida a los alumnos más aventajados que describan con más detalle la fotografía.

Luego pregunte si cocinan juntos con sus respectivas familias y qué cocinan.

2 Comprensión lectora

Actividad preparatoria
Pregunte a los alumnos si conocen los beneficios de la comida mediterránea.

Haga una pequeña introducción sobre las razones por las que la dieta mediterránea es la más saludable.

Pida que miren la fotografía con la pirámide nutricional. Lea con los alumnos los diferentes alimentos que se presentan en la pirámide.

Desarrollo de la actividad
Diga a los alumnos que lean el texto sobre los beneficios de la dieta mediterránea.

Pida a los alumnos que contesten las preguntas.

Solución

1. La dieta mediterránea es la más completa y sana del mundo porque se basa en el consumo de productos naturales y frescos.
2. Las características principales de esta alimentación son un alto consumo de frutas como por ejemplo manzanas, naranjas, uvas y peras además de zumos de fruta naturales. También son importantes las verduras como la zanahoria, la coliflor o el pimiento rojo y verde.

   Las ensaladas con lechuga, tomates y aceitunas, el gazpacho o la paella son platos típicos de la dieta mediterránea. Se combina el pescado, los huevos y la carne con moderación, utilizando el aceite de oliva en casi todos los platos y poca mantequilla. La pasta, el arroz y el pan, siempre beneficiosos para la salud si son integrales, son importantes para el consumo diario de cereales que necesitan las personas.
3. enfermedades cardiovasculares, la diabetes o la obesidad.
4. Posible respuesta: Recomendaría la dieta mediterránea porque hay mucha fruta y verdura y es muy saludable.

ACTIVIDAD DE DIFERENCIACIÓN

Indique a los alumnos menos aventajados que busquen con un compañero el significado de las siguientes palabras del texto: manzanas, naranjas, uvas, peras, zumos de fruta naturales, verduras, zanahoria, coliflor, pimiento, ensaladas con lechuga, tomates, aceitunas, gazpacho, paella, pescado, huevos, carne, aceite de oliva, mantequilla, pasta, arroz, pan y cereales.

Unidad 2

> **Clasificación de los alimentos**
> Presentación de la clasificación de los alimentos en orden de importancia. Pregunte a los alumnos si están de acuerdo con esta clasificación y por qué.

Actividad preparatoria
Introduzca a los alumnos la clasificación de los alimentos.

Desarrollo de la actividad
Pida a los alumnos que lean las palabras sobre los alimentos. Pregunte si hay dudas sobre alguna de las palabras que se presentan.

¿Por qué esta clasificación de alimentos?

3 Comprensión lectora
Actividad preparatoria
Pida a los alumnos que miren las fotografías. Pregunte: ¿Qué tipos de comida veis en las fotografías? ¿De qué países creéis que son los platos?

Desarrollo de la actividad
Indique a los alumnos que van a leer varios textos sobre platos típicos de diferentes países del mundo. Cada persona del texto indica su comida preferida.

Pida a los alumnos que decidan si las frases son verdaderas o falsas. Si las frases son falsas los alumnos tienen que justificar su respuesta.

Solución
1. Falso. La comida mexicana es más picante que la comida española.
2. Verdadero
3. Falso. Las raciones son siempre grandes.
4. Verdadero
5. Falso. Marta: También me gusta la comida española. Carla: La comida española es deliciosa.

ACTIVIDAD DE DIFERENCIACIÓN

Pida a los alumnos menos aventajados que escriban los nombres de las palabras relacionadas con la comida en una lista y los adjetivos en otra lista para ampliar su vocabulario. Pueden trabajar con un compañero.

> **Las regiones culinarias de España**
> Hay muchas regiones culinarias con sus características propias en España. Pida a sus alumnos si en sus respectivos países tienen regiones culinarias propias y que expliquen sus características.

Actividad preparatoria
Pida a los alumnos que mire las fotografías. Pregunte: ¿Qué tipo de plato típico veis en la fotografía? ¿De qué país es este plato?

Introduzca la palabra regiones culinarias.

Desarrollo de la actividad
Pida a los alumnos que lean el texto sobre las regiones culinarias en España.

Indique si entienden bien el texto y explique las palabras y expresiones más difíciles.

4 Expresión oral
Actividad preparatoria
Indique el concepto de comida internacional. ¿Qué tipo de comida es la que normalmente se come en todos los países del mundo?

Desarrollo de la actividad
Pida a los alumnos que en grupos de dos comparen los distintos tipos de comida internacional que conozcan. Tienen que dar su opinión y utilizar el comparativo.

ACTIVIDAD DE DIFERENCIACIÓN

Pida a los alumnos más aventajados que creen un cómic digital en el que incluyan la comparación entre diferentes tipos de comida. Pueden incluir en el cómic fotografías de la comida de los países de los que hablan.

Los alumnos menos aventajados pueden trabajar individualmente y de forma escrita comparando varios tipos de comida internacional.

5 🔊 Comprensión auditiva

Actividad preparatoria

Mire con los alumnos las imágenes que se presentan en las ilustraciones sobre los diferentes tipos de comida en varias partes del mundo.

Explique que van a escuchar la opinión de cinco jóvenes sobre distintos tipos de comida.

💻 Desarrollo de la actividad

Indique a los alumnos que tienen que escoger, con su compañero, las ilustraciones que se corresponden con los mensajes que van a escuchar.

Diga a los alumnos que miren las fotografías. ¿Qué ven?

💻🔊 Transcripción del audio: Pista 15

Voz 1:
Gazpacho
Pasar un verano sin gazpacho es casi imposible, sobre todo en el sur de España, ya que hace mucho calor. El gazpacho es una sopa de tomate bien fría con pepino, cebolla, aceite de oliva, ajo y un poco de pan. Se acompaña con pequeños trozos de pan frito y es muy sabroso. Es uno de los platos más tradicionales de España y yo, de junio a septiembre, lo tomo casi a diario.

Voz 2:
Paella
Mi abuela prepara siempre paella los domingos para toda la familia. Está buenísima. La hace con diferentes tipos de carne y mariscos como sepia pequeña y gambas. Los mariscos le dan un sabor especial a este tipo de paella que se llama mixta. Por supuesto el arroz es el ingrediente principal, con sal y aceite de oliva virgen.

Voz 3:
Pescado frito
En Andalucía el pescado frito o pescaíto frito como se le llama coloquialmente es fantástico. Cuanto más fresco mejor y se fríe con aceite de oliva en una sartén. Tenemos que tener preparado un plato con papel. Cuando el pescado está dorado lo sacamos, lo ponemos en el papel y después ya está listo para comer.

Voz 4:
Pollo a la mexicana
Me encanta el pollo a la mexicana. Normalmente lo comemos con chorizo, patatas, tomates, cebolla y pimienta. Si lo quieres muy picante, tienes que añadir chile. Mis padres y yo lo comemos con ensalada y ellos también lo toman con cerveza. A mí me gusta beber Coca-Cola o agua sin gas.

Voz 5:
Frijoles con chicharrón
Los frijoles de chicharrón los prepara mi madre en casa y son muy ricos. Los cocina con tomate, ajo, cebolla y chicharrones de cerdo y limpia los frijoles con sal en la olla a presión durante media hora. Utiliza otros ingredientes que en Guatemala son fáciles de obtener, como por ejemplo la pepita de ayote. Por eso, ahora que vivo en Dinamarca, echo de menos los frijoles de mi madre, que son los mejores del mundo.

Solución
1 C **2** E **3** A **4** B **5** D

ACTIVIDAD DE DIFERENCIACIÓN

Pida a los alumnos más aventajados que apunten los ingredientes y platos que se mencionan en dos listas diferenciadas. Pueden escuchar la parte auditiva dos veces para hacer esta actividad.

6 💬 Expresión oral

Actividad preparatoria

Explique a los alumnos que van a trabajar con las expresiones estudiadas en el cuadro gramatical.

Aclare que esta parte está dividida en dos actividades.

6a Actividad preparatoria

Explique a los alumnos que tienen que hablar sobre los tipos de comida que les gustan y los que no les gustan. Tienen que utilizar el recuadro gramatical anterior justificando sus respuestas con los adjetivos del cuadro de vocabulario.

Lea con sus alumnos los adjetivos del cuadro gramatical y explique el significado de los que no entiendan.

Desarrollo de la actividad
Pida a los alumnos que utilicen todos los adjetivos del recuadro de vocabulario cuando hablen sobre los tipos de comida que les gustan y los que no les gustan.

6b Actividad preparatoria
Pida a los alumnos que con su compañero contesten a las preguntas.

Desarrollo de la actividad
Después de contestar a las preguntas puede preguntar a los alumnos de forma aleatoria para comprobar que contestan de forma correcta.

> **Gramática – las preposiciones**

Actividad preparatoria
Haga una pequeña introducción con los verbos y sus preposiciones del cuadro gramatical.

Desarrollo de la actividad
Pida a los alumnos que lean los verbos con sus preposiciones y los ejemplos.

ACTIVIDAD DE DIFERENCIACIÓN

Pida a los alumnos más aventajados que escriban dos frases para cada uno de los verbos con sus preposiciones.

> **Una receta**
>
> La tortilla española es uno de los platos más típicos de España. Pida a los alumnos que sigan las instrucciones de la receta y preparen una tortilla española en casa.

Actividad preparatoria
Explique a los alumnos que van a leer la receta de como preparar una tortilla de patatas.

Desarrollo de la actividad
Lea con los alumnos el texto. Explique las palabras que no entiendan.

7 Comprensión lectora
Actividad preparatoria
Explique la figura del dietista y el término dieta.

Desarrollo de la actividad
Diga a los alumnos que van a leer una entrevista con Marta Abelló, dietista del Hospital General Universitario de Albacete.

Explique que tiene que completar la lista propuesta en la actividad sobre una dieta saludable.

Indique a los alumnos que, junto un compañero, busquen el significado de las frases que están en negrita.

Pida a los alumnos que completen la actividad en sus cuadernos.

Para seguir una vida saludable hay que …

Solución
Dieta saludable: productos naturales y frescos, verdura, fruta, alimentos ricos en proteínas, carbohidratos, vitaminas y minerales, un litro de agua al día.

ACTIVIDAD DE DIFERENCIACIÓN

Los alumnos menos aventajados pueden trabajar sobre las palabras en negrita y los alimentos que se indican en el texto, por ejemplo verdura, fruta, alimentos ricos en proteínas, carbohidratos, vitaminas y minerales, la comida grasa, los alimentos procesados con aditivos y conservantes y el exceso de azúcar.

8 Expresión oral
Actividad preparatoria
Explique a los alumnos que van a hablar con su compañero sobre los hábitos de vida saludable.

Introduzca las expresiones Hay que…, Hay que evitar…

Desarrollo de la actividad
Pida a los alumnos que pregunten a su compañero qué es lo que hay que hacer para llevar una vida salubable. Las respuestas se han de completar en la caja de texto.

ACTIVIDAD DE DIFERENCIACIÓN

Diga a los alumnos que hagan una descripción detallada de la imagen de la chica comiendo una ensalada.

2.6 El restaurante

Objetivos

Vocabulario:
- Alimentos y bebidas en un restaurante
- Hábitos alimenticios
- Tipos de locales de comida y bebida
- Buenos modales

Gramática:
- Los pronombres disyuntivos
- Los pronombres posesivos
- Los pronombres de objeto directo y objeto indirecto

Competencias comunicativas:
- Hablar sobre los diferentes tipos de alimentos y bebidas en un restaurante
- Dar información sobre los hábitos alimenticios de una persona
- Describir diferentes tipos de locales de comida y bebida
- Utilizar activamente expresiones relacionadas con los buenos modales

1 Vocabulario y comprensión lectora

Actividad preparatoria

Explique a sus alumnos el significado de la expresión tener hambre y tener sed (tengo hambre, tengo sed).

Pregunte ¿Qué están haciendo las personas que aparecen en las fotografías?

Desarrollo de la actividad

Diga a los alumnos que coloquen en dos columnas diferenciadas las comidas y las bebidas.

Repase el vocabulario de comidas y bebidas que aparecen en la actividad.

Solución

Comidas: Bocadillo de calamares, sándwich de pavo, hamburguesa con cebolla, milanesa napolitana, pastel de zanahoria.

Bebidas: Gaseosa, agua con gas, horchata, refresco, zumo natural de limón

2 Comprensión lectora

Actividad preparatoria

Diga a los alumnos que van a leer un texto sobre los hábitos alimenticios de Pablo, estudiante de la Universidad de Salamanca.

Desarrollo de la actividad

Pida a los alumnos que lean el texto y contesten a las preguntas sobre sus hábitos alimenticios.

Actividad de ampliación

Pida a los alumnos que apunten los hábitos alimenticios de Pablo.

¿Qué piensan? ¿Qué hábitos alimenticios son los más saludables?

> **ACTIVIDAD DE DIFERENCIACIÓN**
>
> Pida a los alumnos menos aventajados que apunten las palabras de comida y bebida que aparezcan en el texto. La pregunta ¿Y tú, qué tomas? puede hacerse de forma escrita en cada uno de los apartados para los alumnos que tienen que aprender a responder sobre el apartado de los hábitos alimenticios.
>
> Indique a los alumnos más aventajados que creen diálogos sobre algún problema en un restaurante. Tienen que usar las expresiones de esta actividad.

> **Problemas en el restaurante**
>
> Diga a los alumnos que van a leer una serie de frases útiles que pueden utilizar en diferentes situaciones cuando vayan a un restaurante hispanohablante.

Actividad preparatoria

Indique a los alumnos que van a aprender vocabulario y expresiones sobre los problemas que se pueden encontrar en un restaurante.

Desarrollo de la actividad

Lea con los alumnos las expresiones que se presentan en este apartado.

3 Expresión escrita

Actividad preparatoria
Indique a los alumnos que van a diseñar su propio menú. Pueden hacerlo sobre papel o en formato digital.

Desarrollo de la actividad
Pida a los alumnos que coloquen la siguiente información en el menú con las palabras de la caja de texto.

Primer plato

Segundo plato

Postres

Bebidas

Indique que incluyan el precio

> **ACTIVIDAD DE DIFERENCIACIÓN**
>
> Los alumnos menos aventajados pueden repasar las palabras de la comida que aparecen en la caja de texto y buscar fotografías relacionadas con las palabras en internet.

> **Locales de comida y bebida**
>
> Hay muchos tipos de locales de comida y bebida en España. Pida a los alumnos si conocen otro tipo de locales de comida y bebida diferentes a los presentados en la caja de texto.

4 Comprensión lectora

Actividad preparatoria
Haga una pequeña introducción de Madrid a los alumnos como capital de España.

Indique que van a leer un texto sobre las terrazas de Madrid, muy populares en verano.

Diga que se fijen en las fotos. Pueden hacer una pequeña descripción de la terraza que les parece más atractiva como introducción a la actividad.

Desarrollo de la actividad
Diga a los alumnos que lean detenidamente el texto. El texto trata de las diez mejores terrazas de Madrid, muy frecuentadas en verano por ciudadanos y turistas.

4a Pida a los alumnos de rellenar la ficha con la información sobre sus tres terrazas preferidas del texto.

4b Pida a los alumnos que después de leer el texto respondan a las siguientes preguntas de la actividad de forma oral.

¿Y a vosotros, qué terraza os gusta más y por qué?

Diga a los alumnos que hablen con su compañero sobre la terraza que más les gusta y por qué.

Solución

En Taxi a Manhattan:
Ubicación: calle Basílica. Características principales: vistas privilegiadas. Comidas: queso de cabra con tomate, ensalada césar "Taxi", sándwich cubano con jamón serrano. Bebidas: cócteles.

Pedro Larumbe – ABC Serrano:
Ubicación: azotea del centro comercial ABC-Serrano. Características principales: espacio chill-out. Comidas: cocina española con toques de las cocinas de todo el mundo. Bebidas: cócteles.

Gaudeamus Café:
Ubicación: calle Tribulete. Características principales: espectacular azotea con vistas impresionantes. Comidas: Postres riquísimos como el "Chocolatísimo" y el pastel de zanahoria. Bebidas: cafés y refrescos.

La Tita Rivera:
Ubicación: Barrio de Chueca. Características principales: local amplio, decorado al estilo neoyorquino. Comidas: hamburguesa con tapas españolas. Bebidas: vaso de cerveza.

Terrazas del Museo Thyssen:
Ubicación: ático del edificio de la calle Zorrilla. Características principales: abre sus puertas de mediados de junio a mediados de septiembre, lugar tranquilo. Comidas: cocina mediterránea. Bebidas: vinos tintos y blancos.

Terraza del Hotel EXE Moncloa:
Ubicación: calle Arcipestre de Hita, 10. Características principales: ático impresionante con hermosas vistas al lado de la piscina desde donde se pueden ver las puestas de sol de la ciudad de Madrid y la Sierra de Guadarrama. Comidas: platos fríos como quesos, ceviche peruano o guacamole. Bebidas: copa de cava o vino.

Terraza Hotel Mercure Santo Domingo:
Ubicación: centro de la ciudad. Características principales: hotel de 4 estrellas con una amplia terraza con piscina y lounge bar que se cubre por la noche con una fina capa de cristal. Comidas: cocina de vanguardia de raíces tradicionales y menú degustación muy completo. Bebidas: cócteles de primera calidad.

Terraza Del Círculo de Bellas Artes:
Ubicación: calle Alcalá muy cercano a la parada de metro de Sevilla. Características principales: ático al aire libre, se ha de pagar entrada para subir aunque con el carné joven es más barato. Comidas: no se mencionan. Bebidas: gran variedad de licores, zumos y refrescos.

Terraza del hotel Room Mate Oscar:
Ubicación: Plaza de Pedro Zerolo. Características principales: terraza con piscina. Comidas: algo para picar. Bebidas: gran variedad de licores.

Terraza Hotel Meliá Me:
Ubicación: Plaza de Santa Ana. Características principales: vistas al Palacio Real. Comidas: menú delicioso con carnes y pescado. Bebidas: todo tipo de vinos.

> **ACTIVIDAD DE DIFERENCIACIÓN**
>
> Indique a los alumnos menos aventajados que repasen las palabras sobre comida y bebida que se presenten en la actividad.

5 Comprensión auditiva

Actividad preparatoria

Indique a los alumnos que van a escuchar un diálogo entre dos jóvenes que buscan un restaurante antes de asistir a una obra de teatro.

Pida que miren las ilustraciones sobre varios tipos de restaurantes.

Explique la palabra picante a los alumnos.

Desarrollo de la actividad

Diga que tienen que colocar una cruz en los restaurantes de las ilustraciones que se mencionan.

> **ACTIVIDAD DE DIFERENCIACIÓN**
>
> Aproveche la actividad para que los alumnos más aventajados tengan la oportunidad de describir las ilustraciones sobre los restaurantes que se presentan.

Transcripción del audio: Pista 16

Martín: Oye, Laia, ¿Qué te parece si vamos a un restaurante de comida rápida?

Laia: ¿De verdad? Ya sabes que soy vegetariana. No me gustan los platos con carne.

Martín: Ay, sí, perdona. Hay un restaurante indio justo en la esquina de la calle Salvador donde hacen comida deliciosa. Es mi favorito.

Laia: Pero la comida india es picante y, la verdad, no me gusta.

Martín: No toda es picante. Te pueden hacer un plato de verduras sin problema.

Laia: Preferiría algo más simple. Justo al lado del Cine Colón hay un pequeño restaurante vegetariano.

Martín: ¿Y si vamos al Bistrot? Podemos tomar el metro, son solo dos paradas y allí podemos elegir entre platos vegetarianos y no vegetarianos. Prefiero comer algo de carne, como pollo o bistec con patatas. ¿Qué te parece?

Laia: ¿El metro? Pero después tenemos que volver para ir al teatro y no tendremos tiempo, Martín. La obra empieza a las tres y media.

Martín: Por eso te he dicho antes que lo mejor es ir al restaurante de comida rápida. Los platos ya están preparados y tienen ensaladas y sopa de verduras.

Laia: Tienes razón. Vamos al restaurante de comida rápida que está más cerca y pido sopa y algún plato vegetariano. Me parece bien.

Martín: Perfecto entonces.

> **Las tapas en España**
>
> Las tapas en España son una costumbre muy arraigada en el país. Pida a los alumnos que lean el texto y pregunte si hay una tradición de tapas similar en sus respectivos países.

Actividad preparatoria

Pregunte a los alumnos si conocen las tapas.

¿Son famosas en su país? ¿Saben si se sirven en toda España?

Indique a los alumnos que miren las fotografías que se presentan en este apartado. ¿Qué tipo de tapas pueden ver?

Desarrollo de la actividad

Diga a los alumnos que van a leer un texto sobre las tapas en España. ¿Qué tipo de tapas se mencionan en el texto?

ACTIVIDAD DE DIFERENCIACIÓN

Pida a los alumnos más aventajados que busquen más ejemplos de tapas por internet y las presenten en clase. ¿Qué tipo de comida hay en las tapas que han encontrado? ¿Cuáles son sus tapas preferidas?

Los alumnos menos aventajados pueden incluir el vocabulario sobre los diferentes tipos de comida que aparecen en el texto.

Los pronombres disyuntivos

Lectura y estudio de los pronombres disyuntivos en Español.

Actividad preparatoria

Indique a los alumnos que van a estudiar los pronombres disyuntivos.

Desarrollo de la actividad

Lea con sus alumnos la construcción gramatical de los pronombres disyuntivos.

¿En qué casos se pueden utilizar?

6 Expresión oral

Actividad preparatoria

Explique a los alumnos la expresión ¡Que aproveche!

Desarrollo de la actividad

Diga a los alumnos que van a a crear una serie de diálogos con su compañero en un restaurante. Pida que cambien las palabras subrayadas con el vocabulario de la comida y la bebida que han estudiado en la actividad 3.

ACTIVIDAD DE DIFERENCIACIÓN

Pida a los alumnos menos aventajados que se fijen en las palabras subrayadas y trabajen sobre su significado.

En esta parte puede aprovechar para dar ejemplos sobre algunos de los pronombres posesivos de la caja de texto. Los alumnos más aventajados pueden crear sus propias frases.

Buenos modales

Lea con sus alumnos las frases sobre los buenos modales de la caja de texto. Indique la importancia de tener buenos modales en todo tipo de situaciones sociales.

Actividad preparatoria

Indique el significado de buenos modales a los alumnos.

Indique que van a estudiar expresiones en español relacionadas con tener buenos modales.

Desarrollo de la actividad

Lea con los alumnos las expresiones sobre buenos modales.

Pregunte.

Pronombres posesivos en español

Lectura y estudio de los pronombres posesivos en español.

Actividad preparatoria

Indique a los alumnos que van a estudiar los pronombres posesivos en español.

Desarrollo de la actividad

Lea con sus alumnos la construcción gramatical de los pronombres posesivos.

¿En qué casos se pueden utilizar?

Indique a los alumnos que hagan la actividad del libro del estudiante sobre los pronombres posesivos.

Pronombres de objeto directo y objeto indirecto

Lectura y estudio de los pronombres de objeto directo e indirecto en Español.

Cambridge IGCSE Spanish as a Foreign Language

Actividad preparatoria

Indique a los alumnos que van a estudiar los pronombres de objeto directo y objeto indirecto en español.

Desarrollo de la actividad

Lea con sus alumnos la construcción gramatical de los pronombres de objeto directo y objeto indirecto.

¿En qué casos se pueden utilizar?

Indique a los alumnos que hagan la actividad del libro del estudiante sobre los pronombres de objeto directo y objeto indirecto.

ACTIVIDAD DE DIFERENCIACIÓN

En esta parte puede aprovechar para dar ejemplos sobre algunos de los pronombres de objeto directo y objeto indirecto de la caja de texto. Los alumnos más aventajados pueden crear sus propias frases.

Actividades de repaso

1

Para proporcionar la máxima puntuación el alumno tiene que seguir la estructura de un mensaje con un estilo apropiado, oraciones variadas y fluidas y un vocabulario variado y apropiado. Párrafos y secuencia, así como la ortografía, la puntuación y la gramática tienen que ser casi siempre precisas con un contenido complejo, sofisticado y con detalles convincentes. Se tienen que mencionar cada uno de los puntos que se piden en el ejercicio.

2

1. Madre, padre, hermano, tíos, primos, abuelos.
2. Son honestos, sinceros y encantadores y saben lo que nos hace felices
3. Los amigos que conocemos durante vacaciones, un día o unas horas.
4. Divertidos y agradables en el recuerdo.
5. Llenan nuestra vida de momentos maravillosos.

Acepte la respuesta cuando incluso haya errores menores de género y número.

Unidad 3: Mis vacaciones y viajes

3.1 ¿Qué vacaciones prefieres?

Objetivos

Vocabulario:
- Tipos de vacaciones
- Razones para ir de vacaciones

Gramática:
- Repaso del futuro próximo
- Comparativos y superlativos

Competencias comunicativas:
- Expresar opiniones
- Comparar tipos de vacaciones
- Justificar opiniones

1 Vocabulario y comprensión lectora

Pida a sus alumnos que trabajen en parejas y que escriban en sus cuadernos una lista de distintos tipos de vacaciones. En esta fase no se les pedirá que especifiquen destinos sino tipos. Para ayudar, los alumnos se pueden inspirar en las fotos presentadas.

2 Expresión escrita

Actividad preparatoria

Antes de hacer la actividad pregunte a los alumnos por qué van de vacaciones. También les puede preguntar por qué van de vacaciones sus padres o amigos.

Desarrollo de la actividad

Pida a sus alumnos que hagan en sus cuadernos una lista de razones para ir de vacaciones y que las pongan en orden de importancia. Por tratarse de un ejercicio de opinión no hay una respuesta correcta.

ACTIVIDAD DE DIFERENCIACIÓN

Pida a los alumnos más aventajados que expliquen por qué valoraron más unas razones que otras. Puede ser interesante que expliquen la primera y la última.

3 Comprensión auditiva

Actividad preparatoria

Según el nivel de los alumnos el profesor puede escribir en la pizarra vocabulario clave para anticipar problemas de comprensión. Es importante que los alumnos se centren en buscar actividades y razones en vez de intentar entender cada palabra individualmente.

Desarrollo de la actividad

Los alumnos escucharán dos personas hablando de sus vacaciones y deberán rellenar la tabla con la información adecuada, en este caso actividades y razones.

Transcripción del audio: Pista 17

Voz 1 (M): A mí en vacaciones me encanta hacer mucho deporte porque durante el curso escolar no tengo mucho tiempo. Además me gusta bastante hacer cosas con mi familia como ir a museos o salir a cenar fuera porque me llevo muy bien con ellos.

Voz 2 (F): Para mí las vacaciones son sinónimo de descanso. Me encanta viajar al extranjero ya que a mis padres y a mí nos gusta descubrir culturas nuevas. Además yo soy aficionada a la fotografía, así que hacer safaris es ideal.

Cambridge IGCSE Spanish as a Foreign Language

Solución

Juan: hacer mucho deporte – porque durante el curso escolar no tiene mucho tiempo, hacer cosas con su familia como ir a museos o ir a cenar fuera – se lleva muy bien con ellos

María: descansar – viajar al extranjero – a ella y a sus padres les gusta descubrir nuevas culturas, hacer safaris – es aficionada a la fotografía

> **ACTIVIDAD DE DIFERENCIACIÓN**
>
> Según el nivel de los alumnos el profesor puede animarles a recordar más detalles de lo que acaban de oír en vez una vez hayan rellenado la información de la tabla.

> **Opiniones**
>
> Este recuadro proporciona a los alumnos dos opciones para que cuando den opiniones sobre un tema sus oraciones sean más sofisticadas. Es importante que entiendan el valor de utilizar adverbios y comparativos.

4 Comprensión lectora

Actividad preparatoria

Antes de empezar a leer el texto explique a sus alumnos los usos de "gente" y "todo el mundo" ya que aparecen en el texto y les resultarán útiles.

Desarrollo de la actividad

En este ejercicio los alumnos tendrán que leer un texto y decir si las afirmaciones son verdaderas o falsas. Indíqueles a los alumnos que deben corregir las frases que son falsas.

Solución

1. Falso – mucha gente lo piensa pero no todo el mundo
2. Verdadero – leer un buen libro es una forma de desconectar de la rutina diaria
3. Falso – esquiar te ayuda a liberar estrés
4. Falso – el aire puro de las montañas mejora la salud
5. Falso – las vacaciones activas son una buena forma de relacionarte con tus amigos y familia

5 Expresión escrita

Actividad preparatoria

Antes de que los alumnos empiecen la actividad asegúrese de que entienden el significado de las expresiones de los recuadros. Es importante que entiendan qué expresiones son más y menos formales. Los alumnos también deben ser conscientes de que las tareas escritas deben tener variedad, no solo de vocabulario si no también de conjunciones y conectores.

Desarrollo de la actividad

En esta actividad los alumnos deben escribir una carta a un amigo explicando el tipo de vacaciones que prefieren. Asegúrese de que entiendan que deben incluir información sobre los puntos indicados de una forma equilibrada.

> **ACTIVIDAD DE DIFERENCIACIÓN**
>
> Anime a los alumnos con un mejor nivel a utilizar una variedad de tiempos verbales y anímeles a incorporar vocabulario e ideas de otros temas a modo de repaso.

Respuesta modelo

Enviado: Lunes, 18 de junio. 19:26

Asunto: Las colonias en Gredos

Hola papá y mamá:

¿Cómo estáis? Los campamentos en la montaña de Gredos son magníficos. Los lunes hacemos senderismo, los martes montamos en bicicleta con el grupo y los miércoles vamos a la piscina a nadar. Los jueves jugamos al ping pong y los viernes descansamos en el albergue. Los sábados hacemos equitación y los domingos jugamos un poco al fútbol.

Me lo estoy pasando muy bien.

Muchos besos.

6 Vocabulario

Actividad preparatoria

Antes de leer el texto pregúntele a sus alumnos si alguna vez han tenido unas 'vacaciones solidarias'. Si es así pueden explicar al resto de la clase el proyecto. De no ser así se les puede pedir a los alumnos que piensen en proyectos que se podrían realizar a título individual, u organizados por el colegio para tener unas 'vacaciones solidarias'.

Unidad 3

Desarrollo de la actividad

Esta actividad se puede realizar individualmente, en parejas o guiada por el profesor. Algunas palabras y expresiones son bastante avanzadas así que puede animar a los alumnos a que las aprendan para incorporarlas en sus ejercicios escritos u orales.

Solución

1. Es la mejor forma de abrir la mente
2. Tener nuevas experiencias, conocer otras culturas, compartir el día a día con otra gente
3. Bolivia, Ecuador
4. Nicaragua
5. Se incluyen los desplazamientos internos pero no el billete de avión
6. No, las fechas tienen que coincidir con el proyecto

7 Expresión escrita

Actividad preparatoria

Antes de empezar el ejercicio asegúrese de que sus alumnos están familiarizados con la conjugación del verbo 'ir' y la estructura 'ir + a + infinitivo'. Si es necesario haga paralelos con otras lenguas que compartan esta estructura y que el alumno hable.

Desarrollo de la actividad

Pida a los alumnos que rellenen los huecos de las frases utilizando la estructura "ir a" + infinitivo. Esta actividad se puede realizar individualmente o en parejas. Es importante que los alumnos entiendan la importancia de que las formas verbales sean correctas.

ACTIVIDAD DE DIFERENCIACIÓN

Pregunte a los alumnos más aventajados si conocen alguna otra forma de indicar acciones en el futuro. Si es así pregúnteles si las formas son intercambiables entre sí y hágales pensar en que diferencias de matiz se pueden encontrar.

Solución

a. vamos a ir, vamos a quedarnos
b. voy a broncearme, voy a nadar
c. voy a ver, va a leer
d. vas a hacer, vamos a esquiar
e. van a recargar

3.2 Tu opinión sobre los medios de transporte

Objetivos

Vocabulario:
- Medios de transporte
- Adjetivos para describir medios de transporte
- Distintas formas de expresar opiniones y justificarlas

Competencias comunicativas:
- Expresar opiniones sobre los medios de transporte
- Reflexionar sobre qué medio de transporte el es más idóneo

1 Trabajo colaborativo, expresión oral y escrita

Actividad preparatoria
Antes de empezar el ejercicio puede hacer un juego con sus alumnos. Dígales palabras al azar e incluya medios de transporte. Pídales que intenten reconocer y recordar el mayor número posible.

Desarrollo de la actividad
Indique a sus alumnos que escriban en sus cuadernos una lista de medios de transporte. Pueden servirse se las fotos como inspiración.

ACTIVIDAD DE DIFERENCIACIÓN

Además de los medios de transporte de las fotos se puede animar a los alumnos más aventajados a que sean creativos y piensen en otros medios de transporte. Es interesante que los pongan en categorías según sean públicos o privados, de mar, tierra o aire, para una persona o más, etc.

Recuerda
Es importante que los alumnos entiendan qué preposición utilizar con los medios de transporte. Pregúnteles por qué creen que algunos medios de transporte utilizan la preposición 'en' mientras que otros utilizan 'a'.

Pida a sus alumnos más aventajados que piensen en otros usos de las preposiciones 'en' y 'a'.

2 Expresión escrita

Actividad preparatoria
Antes de pensar en el significado de las palabras pida a sus alumnos que piensen en cómo van a cambiar los adjetivos de la lista para concordar en género y número según el medio de transporte sean masculino, femenino, singular o plural. Recuérdeles las reglas de concordancia de los adjetivos y cuáles permanecen invariables en la forma negativa.

Desarrollo de la actividad
En esta actividad los estudiantes tienen que decidir si los adjetivos de la lista son positivos o negativos. Pídales que los copien en su cuaderno. En algunos casos la respuesta será obvia pero algunos otros pueden ser positivos o negativos según las circunstancias o el contexto.

ACTIVIDAD DE DIFERENCIACIÓN

Pida a sus alumnos más aventajados que piensen en otros adjetivos para completar la lista.

Pida a sus alumnos que busquen antónimos dentro de la lista, o que los inventen si no los encuentran.

Solución
cómodo/a – P
útil – P
barato/a – P
caro/a – N
incómodo – N
ecológico – P
contaminante – N
rápido – P
lento/a – N
divertido/a – P
aburrido/a – N
emocionante – P
relajante – P
estresante – N
tedioso/a – N
atrasado/a – N

Unidad 3

3 Expresión oral y escrita

Actividad preparatoria
Antes de empezar este ejercicio puede pedirles a sus alumnos que intenten averiguar en internet algunos datos que les puedan ayudar como el precio del transporte público en paises de habla hispana o qué medios de transporte contaminan más.

Desarrollo de la actividad
Anime a sus alumnos a que realicen oraciones completas con un verbo y, si pueden, que justifiquen sus respuestas. Es una buena oportunidad para practicar diferentes formas de expresar opiniones.

4 Comprensión lectora

Actividad preparatoria
Si lo cree necesario haga un repaso rápido de los pronombres interrogativos para que entiendan bien las preguntas.

Desarrollo de la actividad
Además de contestar a las preguntas pida a los alumnos que identifiquen expresiones o ideas que puedan utilizar en trabajos escritos u orales.

> **ACTIVIDAD DE DIFERENCIACIÓN**
>
> Pida a los alumnos con un mejor nivel que cambien aspectos de los textos como las personas, el tiempo verbal… y que los reescriban.

Solución
1. Celia
2. Pablo
3. Susana
4. Cuando llueve
5. María
6. Susana
7. Felipe
8. Pablo

5 Expresión escrita y oral

Actividad preparatoria
Pregunte a sus alumnos qué medios de transporte utilizan en un día normal, cuáles utilizaron ayer o el fin de semana pasado. Anímeles a dar opiniones y justificaciones.

Desarrollo de la actividad
En esta actividad oral los alumnos deben hablar sobre cuál es el medio de transporte ideal en diversas situaciones. Anímeles a que utilicen diferentes expresiones. Póngales como regla por ejemplo que sólo pueden repetir la misma expresión si han utilizado otras dos diferentes antes.

Una vez hayan practicado el vocabulario de forma oral pida a sus alumnos que escojan sus mejores 5 oraciones y que las escriban en sus cuadernos.

> **ACTIVIDAD DE DIFERENCIACIÓN**
>
> Si tiene alumnos con un nivel más alto pídales que se pongan en la piel de otra persona (su padre, hermana, amigo, profesor, un político, un famoso…) y que den su opinión dependiendo de su nueva personalidad. El compañero deberá decidir si la frase es plausible o no.

6 Comprensión auditiva

Actividad preparatoria
Pida a sus alumnos que lean las categorías de la tabla para anticipar la información que necesitarán identificar.

Desarrollo de la actividad
En esta actividad los alumnos oirán a cinco personas hablando de los medios de transporte que utilizan. Pídales que se centren en copiar sólo la información requerida sin añadir demasiados detalles adicionales.

> **ACTIVIDAD DE DIFERENCIACIÓN**
>
> Pida a sus alumnos más aventajados que intenten recordar la mayor cantidad posible de detalles de cada una de las personas que acaban de oír hablando. Anímeles a que hablen en tercera persona.

> **Transcripción del audio:** Pista 18
>
> Voz 1 (F): Yo siempre me muevo en metro, tanto para ir al colegio como para quedar con mis amigos por las tardes. Me parece que es súper práctico y además como tengo un abono mensual es bastante barato.
>
> Voz 2 (M): La verdad es que tengo mucha suerte porque mi padre me lleva al colegio en coche todas las mañanas. Trabaja en el mismo colegio donde yo estudio así que es práctico. Lo único malo es que como él tiene que llegar temprano nos tenemos que levantar antes.
>
> Voz 3 (F): En mi familia nos preocupa mucho el medio ambiente así que tanto mis padres como yo vamos en bicicleta a todas partes. Cuando era pequeña me parecía divertido pero ahora ya no me gusta tanto porque tengo muchas cosas que llevar al colegio.
>
> Voz 4 (M): En vacaciones siempre vamos en avión porque es lo más rápido. Parte de mi familia vive en el extranjero así que como está muy lejos es la única opción. La verdad es que me parece bastante divertido porque puedo leer y escuchar música.
>
> Voz 5 (F): Como vivo en el campo la única forma de ir de compras o salir con mis amigos es coger el tren. A veces está un poco sucio y huele mal pero lo bueno es que los trenes pasan con bastante frecuencia, lo cual es muy útil y son muy rápidos.

Solución

	Medio de transporte	Para qué lo usan	Opinión
Marta	• metro	• ir al colegio • quedar con sus amigos	• súper práctico • bastante barato
Juan	• coche	• ir al colegio	• práctico • lo malo es que tiene que levantarse antes
Cecilia	• bicicleta	• ir a todas partes	• antes le parecía divertido • ahora no le gusta
Roberto	• avión	• ir de vacaciones/visitar a su familia en el extranjero	• bastante divertido
Sandra	• tren	• ir de compras • salir con sus amigos	• un poco sucio • huele mal • útil – pasan con frecuencia • rápido

7 Comprensión lectora

Actividad preparatoria

Antes de empezar la actividad puede trabajar algunas de las palabras más difíciles con sus alumnos. Preste especial atención a los cognados que pueden deducir fácilmente.

Desarrollo de la actividad

En esta actividad los alumnos deben leer el texto y contestar a las preguntas basadas en la primera parte del texto. Luego pídales que rellenen la tabla indicando si las afirmaciones son verdaderas o falsas. Pida a los alumnos que justifiquen sus respuestas.

ACTIVIDAD DE DIFERENCIACIÓN

Si tiene alumnos más aventajados que acaban la actividad antes que los demás pregúnteles si están de acuerdo con las razones mencionadas en el texto para preferir el autobús o el tren.

Solución

a
1. Por la distancia
2. Es más accesible
3. Problemas de tiempo y dinero
4. No, contamina el medio ambiente
5. No, hay una limitación del equipaje

b
1. F – El AVE ha llegado a desbancarlo
2. V – Han reducido los tiempos de trayecto
3. V – Con cómodos asientos
4. V – La frecuencia de paso es muy alta
5. F – Tienen servicio de bar

El AVE

Antes de leer el texto pregunte a los alumnos si conocen el AVE, si lo han utilizado alguna vez o si conocen algunas de las rutas.

Desarrollo de la actividad

Pida a los alumnos que lean el texto y aclare dudas de vocabulario.

ACTIVIDAD DE DIFERENCIACIÓN

Las principales rutas del AVE van a Barcelona y a Sevilla, dos ciudades con una gran importancia cultural. Pida a los alumnos más aventajados que investiguen sobre los Juegos Olímpicos o la Exposición Universal de Sevilla.

3.3 Tipos de alojamiento durante las vacaciones

Objetivos

Vocabulario
- Tipos de alojamiento
- Instalaciones en distintos tipos de alojamiento

Gramática:
- Pronombres interrogativos
- Formular preguntas

Competencias comunicativas:
- Expresar opiniones sobre tipos de alojamiento
- Hacer reservas por teléfono
- Pedir información sobre tipos de alojamiento

1 Trabajo colaborativo

Actividad preparatoria

Antes de empezar la actividad pida a los alumnos que piensen en diferentes tipos de alojamiento y que los escriban su cuaderno.

Desarrollo de la actividad

Pida a los alumnos que lean los comentarios de varias entradas de blogs y que intenten adivinar de qué tipo de alojamiento se trata.

Solución

a   un albergue juvenil
b   un chalet en la montaña
c   una casa rural
d   un hotel
e   un camping
f   un apartamento en la playa

2 Comprensión lectora

Actividad preparatoria

Antes de leer los anuncios pida a sus alumnos que piensen en qué palabras creen que van a aparecer en unos anuncios de diversos tipos de alojamientos.

Desarrollo de la actividad

Pida a los alumnos que lean los anuncios y que decidan cuál es el más adecuado para cada tipo de persona. Esta actividad se puede realizar por escrito en los cuadernos.

ACTIVIDAD DE DIFERENCIACIÓN

Pida a sus alumnos más aventajados que justifiquen sus respuestas y que expliquen por qué creen que esos establecimientos son los mejores para esas personas.

Pida a los alumnos que piensen en cuál es el peor tipo de alojamiento para cada persona/grupo de personas. Es interesante que los alumnos expliquen por qué es el peor y que digan qué pasaría si esas personas se alojaran allí.

Solución

1   Hotel Casa Gómez
2   Hotel Las Delicias
3   Hotel La Capileira
4   Hotel Casa Gómez
5   Hotel La Perla de Levante
6   Hotel Las Delicias

3 Trabajo colaborativo

Actividad preparatoria

Hable con sus alumnos de las distintas formas de empezar una conversación telefónica en español, cómo contestar al teléfono, cómo pedir que la otra persona repita o aclare algo y finalmente cómo acabar una conversación.

Desarrollo de la actividad

Pida a los alumnos que lean los modelos de conversación al teléfono. Pida a sus alumnos que practiquen la conversación en parejas, primero según está escrita y luego cambiando la información subrayada.

ACTIVIDAD DE DIFERENCIACIÓN

Pida a sus alumnos más aventajados que intenten reproducir la conversación incluyendo el mayor número posible de detalles sin mirar el modelo. Anímeles a que adapten la conversación según el interlocutor y las circunstancias. Por ejemplo, que utilicen un lenguaje más formal para reservar una habitación en un hotel de lujo que en un camping.

Farmacias

Es importante que sus alumnos comprendan el funcionamiento de las farmacias en España ya que son parte esencial de la vida de los españoles y en algún momento puede ser que tengan que utilizarlas. Una vez leído el texto pida a sus alumnos que hagan una lista de similitudes y diferencias con las farmacias del país donde viven.

Unidad 3

4 🔊 Comprensión auditiva

Actividad preparatoria
Antes de empezar pida a sus alumnos que lean las prengutas y en parejas que piensen qué respuestas son posibles para cada pregunta. Esto les ayudará con la comprensión.

Desarrollo de la actividad
Indique a los alumnos qué tipo de conversación van a oír y guíeles para que se centren en la información clave.

📻🔊 Transcripción del audio: Pista 19

Voz 1: Hola. Quería reservar 2 habitaciones dobles del 15 al 18 de marzo. La reserva es para 4 personas. ¿Se aceptan perros? Tengo 2 perros pequeños.

Voz 2: Buenos días. Si tiene plaza para 1 persona en el albergue juvenil me gustaría ir el martes próximo. ¿Hay alguna habitación con baño individual? Espero que no se acepten animales porque tengo alergia a los gatos.

Voz 3: Buenas tardes. Me gustaría hacer una reserva en su camping. Es una reserva para 4 personas con dos tiendas y un coche. La reserva es para 2 semanas a partir del 15 de agosto. ¿Hay restaurantes cerca?

Voz 4: Hola. Le llamo para reservar 1 habitación con cama doble y baño. Nos vamos a quedar 15 días y llegaremos el 5 de octubre. ¿El desayuno está incluido? Si me puede dar información sobre los transportes y un mapa de la ciudad se lo agradecería.

Voz 5: Me gustaría reservar 3 habitaciones. Una doble pero con camas gemelas, y dos sencillas. Todas con ducha. En total somos 4 personas. ¿Tienen ascensor? Si no, preferiría tener habitaciones en la planta baja.

Solución

	¿Qué quiere reservar?	¿Para qué fecha?	¿Para cuántas personas?	¿Qué pregunta?	Detalles extra
1	2 habitaciones	15–18 de marzo	4 personas	¿Se aceptan perros?	Tiene 2 perros
2	Plaza para 1 persona en el albergue juvenil	martes próximo	1 persona	¿Hay habitaciones con baño?	Tiene alergia a los gatos
3	Plaza en el camping para 2 tiendas y un coche	15 de agosto 2 semanas	4 personas	¿Hay restaurantes cerca?	–
4	1 habitación con cama doble y baño	5 de octubre 15 días	–	¿El desayuno está incluido?	Pide información sobre transportes y un mapa de la ciudad
5	3 habitaciones 1 doble con 2 camas gemelas y 2 sencillas	–	4 personas	¿Tiene ascensor?	Si no hay ascensor quiere las habitaciones en la planta baja

Cambridge IGCSE Spanish as a Foreign Language

5 Comprensión lectora

Actividad preparatoria
Antes de leer el texto hable con los alumnos del concepto de vivir en una cueva y pregúnteles qué ventajas y desventajas puede tener. Pregúnteles si les gustaría vivir en una cueva o si les gustaría pasar unas vacaciones alojados en una.

Desarrollo de la actividad
Pida a los alumnos que lean el texto y que contesten a las preguntas. Anímeles a que contesten con frases completas para practicar el vocabulario y las formas verbales.

> **ACTIVIDAD DE DIFERENCIACIÓN**
>
> Si tiene alumnos con un nivel más alto pídales que piensen en un tipo de alojamiento original, real o imaginario, y que escriban un folleto parecido para promocionar ese tipo de alojamiento y explicar las instalaciones y beneficios.

Solución
1. Porque está escavado dentro de una montaña
2. No, sólo tiene 8 habitaciones
3. En la caja de seguridad
4. No, todas las habitaciones son dobles
5. Todos menos las camas
6. Las puestas de sol
7. Sí, se pueden reservar habitaciones todo el año

6 Expresión escrita

Actividad preparatoria
Hable con los alumnos sobre los elementos característicos de un correo electrónico. Hable del vocabulario específico, expresiones idiomáticas típicas pero también del tono y registro adecuados.

Desarrollo de la actividad
Pida a sus alumnos que intenten escribir un correo electrónico creíble tanto en formato como en contenido. Explíqueles la importancia de incorporar toda la información requerida. Anímeles a utilizar la lengua de forma creativa para permitirles incorporar diversos tiempos verbales y estructuras gramaticales avanzadas que hayan estudiado. Pida a sus alumnos que intenten incorporar vocabulario y expresiones del recuadro.

> **ACTIVIDAD DE DIFERENCIACIÓN**
>
> Si tiene alumnos menos aventajados pídales que lean el correo electrónico de otro compañero para verificar que haya incluido toda la información. Pregúnteles que evalúen qué información o estructuras gramaticales podían haber incluido a mayores.

3.4 ¿Qué se puede hacer durante las vacaciones?

Objetivos

Vocabulario:
- Actividades durante las vacaciones
- Opiniones sobre vacaciones

Gramática:
- Pretérito regular e irregular

Competencias comunicativas:
- Hablar de actividades en el pasado
- Narrar vacaciones en el pasado con información detallada

1 Trabajo colaborativo

Actividad preparatoria

Antes de realizar la actividad pida a sus alumnos que o bien en parejas, o toda la clase junta, piensen en actividades para hacer en vacaciones.

Desarrollo de la actividad

En esta actividad los alumnos deberán trabajar en parejas clasificando en sus cuadernos las actividades propuestas según los lugares donde se puedan realizar. Muchas actividades pueden realizarse en diferentes sitios, así que en algunos casos no hay una respuesta correcta. Lo interesante del ejercicio es que los alumnos sean creativos y piensen en todas las posibilidades.

> **ACTIVIDAD DE DIFERENCIACIÓN**
>
> Pida a sus alumnos menos aventajados que justifiquen algunas de sus respuestas indicando por qué ciertas actividades no se pueden realizar en algunos sitios. Esta actividad se puede realizar de forma oral o escrita y permite incorporar vocabulario más específico relacionado con las actividades.

2 Comprensión auditiva

Actividad preparatoria

Antes de empezar haga que sus alumnos piensen en posibles respuestas para cada enunciado. Dígales que presten atención a qué palabras podrían ser gramaticalmente correctas en esos contextos.

Desarrollo de la actividad

En esta actividad los alumnos deberán escuchar a 4 personas hablando de sus vacaciones y, basándose en lo que escuchan, deberán corregir la parte subrayada de las frases.

> **Transcripción del audio:** Pista 20
>
> **Voz 1 (M):** Las vacaciones son mi momento favorito del año. Me encanta viajar al extranjero. Todas las vacaciones de verano vamos a la playa porque a mis padres y a mí nos encanta tomar el sol. Me llevo a las mil maravillas con mis hermanos así que en la playa hacemos muchas actividades juntos. A mí me encanta nadar y jugar a las palas y mis padres siempre hacen barbacoas.
>
> **Voz 2 (F):** En vacaciones siempre voy a conocer una ciudad diferente con mis amigas. Nos encanta ir de compras, en particular ropa y zapatos. Además de comprar siempre aprovechamos para visitar monumentos y museos. Nos apasiona el arte moderno, en particular la pintura y la arquitectura así que siempre que podemos sacamos muchas fotos.
>
> **Voz 3 (M):** Mis padres y yo siempre tenemos vacaciones en fechas distintas así que normalmente no vamos a ningún sitio. No me importa porque en casa puedo hacer muchas cosas. Toco el violonchelo en el conservatorio así que tengo que practicar mucho porque es muy difícil. Además me encanta el cine. Siempre invito a amigos a mi casa. Comemos palomitas de maíz y pasamos horas viendo películas.
>
> **Voz 4 (F):** Para mí las vacaciones son el mejor momento para pasar tiempo al aire libre. Normalmente paso unos días en casa así que por las tardes bajo a jugar al fútbol con mis amigas. Tenemos un equipo muy bueno. Cada año voy con mis padres a algún sitio de montaña para hacer senderismo y un poco de escalada. El aire fresco y la naturaleza es lo mejor para desconectar de la rutina diaria. En el campo siempre hacemos barbacoas y si vemos un lago nadamos también.

Solución

Jacobo

a Me encanta viajar <u>al extranjero</u>.
b Todas las vacaciones de verano vamos <u>a la playa</u>.
c A mis padres y a mí nos encanta <u>tomar el sol</u>.
d Me llevo a las mil maravillas con <u>mis hermanos</u>.
e Mis padres siempre hacen <u>barbacoas</u>.

Sandra

a En vacaciones siempre voy <u>a conocer una ciudad diferente</u>.
b Nos encanta comprar <u>ropa y zapatos</u>.
c Siempre aprovechamos para visitar <u>monumentos y museos</u>.
d Nos apasiona el arte <u>moderno</u>.
e Siempre que podemos <u>sacamos muchas fotos</u>.

Juanma

a Siempre tenemos vacaciones en fechas <u>distintas</u>.
b Normalmente <u>no vamos a ningún sitio</u>.
c Toco el violonchelo en <u>el conservatorio</u>.
d Me encanta <u>el cine</u>.
e Siempre <u>invito a amigos a casa</u>.

Lucía

a Las vacaciones son el mejor momento para pasar tiempo <u>al aire libre</u>.
b Por las <u>tardes</u> bajo al jugar al <u>fútbol</u>.
c Voy con mis padres a algún sitio <u>de montaña</u>.
d para hacer senderismo y <u>escalada</u>.
e Si vemos un lago <u>nadamos</u>.

3 Expresión escrita

Actividad preparatoria

Después de haber entendido y practicado las formas regulares asegúrese de que sus alumnos se familiaricen con el mayor número de formas irregulares.

Desarrollo de la actividad

Pida a sus alumnos que pongan los verbos en paréntesis en las formas correctas del pretérito. Indíqueles que algunas formas son regulares y otras irregulares. Es importante que los alumnos presten atención a los acentos y a las formas.

ACTIVIDAD DE DIFERENCIACIÓN

Después de haber hecho el ejercicio pida a sus alumnos más aventajados que, o bien de forma oral o bien escrita, cambien las personas de los verbos para así poder practicar distintas formas de las conjugaciones.

Solución

El verano pasado nosotros <u>fuimos</u> de vacaciones a España. <u>Fui</u> con mis padres y mi hermana y también una amiga <u>viajó</u> conmigo. <u>Pasamos</u> tres semanas en el sur de España, en una ciudad que se llama Málaga. Me <u>gustó</u> porque me <u>encantó</u> pasar tiempo con mi familia y con mi amiga Pilar.

<u>Hizo</u> mucho calor durante mis vacaciones y 3 días mi amiga y yo <u>fuimos</u> a la playa por la mañana y <u>pasamos</u> todo el día allí. También <u>fuimos</u> de compras y <u>compramos</u> regalos para mis amigos.

Dos noches <u>cenamos</u> en un restaurante y mi favorito <u>fue</u> un restaurante situado al lado de la playa. Allí <u>comimos</u> paella y de postre nos <u>tomamos</u> un flan que nos <u>gustó</u> mucho. Después de cenar, mi amiga y yo <u>paseamos</u> por el paseo marítimo, pero mis padres <u>volvieron</u> al hotel.

4 Expresión oral y escrita

Actividad preparatoria

Antes de que los alumnos realicen el ejercicio en parejas explíqueles las distintas formas de añadir complejidad a una respuesta: conectores, adverbios, variedad de tiempos verbales, expresiones idiomáticas, etc. Responda a algunas de las preguntas del ejercicio con respuestas complejas para que los alumnos entiendan el nivel requerido.

Desarrollo de la actividad

Pida a sus alumnos que practiquen por turnos las preguntas del ejercicio en parejas. Es importante que, en la medida de lo posible, los alumnos combinen distintos tiempos verbales en sus respuestas.

ACTIVIDAD DE DIFERENCIACIÓN

Una vez hayan practicado las preguntas propuestas, los alumnos con un nivel más alto pueden añadir variaciones de tiempo verbal, persona, etc. De esta forma tanto el alumno que hace la pregunta como el que la contesta practican las diferentes conjugaciones.

Unidad 3

Pida a un alumno que conteste a una de las preguntas. Escriba la respuesta del alumno en la pizzara y luego de forma conjunta con el resto de la clase añada elementos a la respuesta para hacerla más compleja.

5 Expresión escrita

Actividad preparatoria

Antes de realizar la tarea asegúrese de que los alumnos entiendan el baremo de puntuación que va a utilizar para que intenten maximizar su potencial en todos los criterios.

Desarrollo de la actividad

En esta actividad los alumnos deberán realizar una tarea escrita. En este caso les ofrecemos 4 posibilidades de diferente dificultad para que puedan escoger una adecuada a su nivel. Anímeles a que realicen una que puedan hacer pero que les suponga un reto a la vez.

Antes de realizar la tarea asegúrese de que los alumnos entiendan el baremo de puntuación que va a utilizar para que intenten maximizar su potencial en todos los criterios.

Respuesta modelo

El año pasado por fin tuve unas vacaciones diferentes, aunque no esperaba que fueran tan diferentes...

Normalmente todos los años hago lo mismo en vacaciones, lo cual no me importa porque vamos a una casa preciosa que mis abuelos tienen cerca de la playa. Este verano mis padres decidieron hacer algo diferente ya que mi madre celebraba su 40 cumpleaños así que fuimos a Italia en coche. Los primeros días fueron geniales, nos alojamos en hoteles de lujo y comimos platos regionales. ¡Una maravilla! El tercer día todo cambió y la pesadilla empezó. Estaba lloviendo así que me caí en el suelo, me rompí una pierna en varios sitios y como consecuencia tuve que pasar los últimos cuatro días de mis vacaciones en el hospital. Sin embargo no fue todo tan malo ya que hice buenos amigos allí y ahora hablo italiano muy bien.

3.5 ¿Qué tiempo hace?

Objetivos

Vocabulario:
- El tiempo

Gramática:
- Imperfecto
- Diferencia entre pretérito e imperfecto

Competencias comunicativas:
- Entender un parte meteorológico
- Describir el tiempo que hace en presente y en pasado
- Expresar frecuencia

¿Qué tiempo hace?

Actividad preparatoria

Antes de empezar el tema pregúntele a sus alumnos qué expresiones conocen ya para hablar del tiempo. Si no conocen ninguna intente hacerles adivinar en parejas qué pueden significar algunas de las más fáciles.

ACTIVIDAD DE DIFERENCIACIÓN

Si tiene estudiantes menos aventajados, al poner a trabajar a los alumnos en parejas puede darles la opción de adivinar el significado o convertir el ejercicio en selección múltiple para hacerlo más fácil. Lo mismo se puede hacer con las expresiones idiomáticas.

1 Expresión escrita

Actividad preparatoria

Antes de que los alumnos vean el mapa pregúnteles si conocen alguna de las ciudades que van a ver en el ejercicio. Si tiene un mapa en blanco pídales que intenten localizar las ciudades en el mapa.

Desarrollo de la actividad

Esta actividad es una buena oportunidad para que los alumnos se acostumbren a contestar a preguntas con frases completas. Insístales en que reutilicen el vocabulario y las construcciones verbales de las preguntas.

ACTIVIDAD DE DIFERENCIACIÓN

Pídales a los alumnos que utilicen explicaciones originales y divertidas. Puede realizar una competición para ver quién utiliza el argumento más divertido.

Solución

Estas son algunos ejemplos de las respuestas que sus alumnos pueden producir:

1. La mejor ciudad para ir a la playa es Málaga porque hace sol.
2. La peor ciudad para hacer un picnic es Barcelona porque está lloviendo.
3. En este momento preferiría estar en Oviedo porque me encanta la nieve.
4. En este momento no me gustaría nada estar en Madrid porque odio el viento.
5. La mejor ciudad para montar en bicicleta es Málaga porque no llueve.
6. Las dos ciudades con climas más opuestos son Oviedo y Málaga.

2 Comprensión auditiva

Actividad preparatoria

Aproveche esta actividad para hacer un pequeño repaso de las distintas formas de expresar el futuro. Puede darles oraciones relacionadas con el tiempo en presente y de forma oral o escrita pedirles que las pasen al futuro.

Desarrollo de la actividad

Dependiendo del nivel de los alumnos utilice el audio una vez o más y si es necesario acompáñelo de algunos gestos.

ACTIVIDAD DE DIFERENCIACIÓN

Si tiene alumnos a los que les cuesta pronunciar ciertos sonidos, este ejercicio se puede utilizar para practicar la pronunciación de los alumnos. Hágales repetir frases separadas poniendo énfasis en la entonación y en la pronunciación de aquellos sonidos que les resulten más complejos.

> **Transcripción del audio:** Pista 21
>
> Pronóstico del tiempo
>
> Buenas noches. Éstas son las predicciones para las próximas 24 horas. Mañana vamos a tener buen tiempo en la mayor parte de la península con temperaturas altas sobre todo en el norte de España. En el noroeste habrá algo de lluvia por la mañana pero los cielos estarán despejados a partir del mediodía. Las temperaturas en el centro de la península alcanzarán los 25 grados a mediodía, pero a última hora de la tarde habrá algunos chubascos. En el noroeste el sol brillará todo el día, pero las temperaturas máximas serán de 20 grados centígrados. En el sur de la península habrá algunas nubes a primera hora, pero luego el día estará soleado y hará bastante calor, pero sin llegar a alcanzar los 35 grados de la semana pasada. Madrid será la ciudad donde se alcanzarán las temperaturas más altas, ya que los termómetros marcarán 30 grados a la sombra, todo un récord para esta época del año.

Solución

1. Mañana vamos a tener buen tiempo en <u>la mayor parte de</u> la península con temperaturas altas sobre todo en el <u>norte</u> de España.
2. En el noroeste habrá <u>algo de</u> lluvia por la mañana, pero los cielos estarán despejados a partir del <u>mediodía</u>.
3. Las temperaturas en el centro de la península alcanzarán los <u>25</u> grados a mediodía, pero a última hora de la <u>tarde</u> habrá <u>algunos</u> chubascos.
4. En el noroeste el sol brillará todo el día, pero las temperaturas <u>máximas</u> serán de 20 grados centígrados.
5. En el sur de la península habrá algunas <u>nubes</u> a primera hora, pero luego el día estará soleado.
6. Hará bastante calor, <u>sin llegar</u> a alcanzar los 35 grados de la semana pasada.
7. Madrid será la ciudad donde se alcanzarán las temperaturas más <u>altas</u> ya que los termómetros marcarán <u>30</u> grados a la sombra.

3 Expresión oral y escrita

Actividad preparatoria

Asigne a cada estudiante una región de España y pídale que haga un pequeño trabajo de investigación para que tenga algunos datos culturales de la región que luego podrán utilizar durante el ejercicio.

Desarrollo de la actividad

Esta actividad se puede hacer en parejas o de forma individual presentando el parte meteorológico a toda la clase. Si se hace con toda la clase los alumnos pueden escoger cuál ha sido la mejor presentación, la más entretenida, la más informativa...

> **ACTIVIDAD DE DIFERENCIACIÓN**
>
> Esta actividad se puede realizar con la ayuda del vocabulario, en el libro o en el cuaderno, pero una buena manera de animar a los más capaces es haciéndolo sin apuntes e improvisando.

4 Comprensión lectora

Actividad preparatoria

Antes de empezar el ejercicio explique a sus alumnos la importancia de incluir referencias culturales precisas en sus trabajos escritos u orales.

Desarrollo de la actividad

En esta actividad asegúrese de que los alumnos dominen la técnica para realizar las dos partes del ejercicio. En la parte de preguntas es esencial que escojan cuanta información del texto necesiten para contestar a las preguntas, proporcionando todos los detalles necesarios pero sin incluir demasiada información adicional superflua. En la parte de verdadero o falso los alumnos deben buscar estrategias para identificar sinónimos o antónimos prestando atención a las oraciones con sentido negativo.

Solución

1. Temperatura que ronde los 20 grados y humedad en torno al 50%
2. La mayor cantidad posible
3. Para el ser humano
4. No, tanto en verano como en invierno las temperaturas son agradables
5. Las tormentas tropicales
6. La influencia del mar
7. No, las precipitaciones son bajas
8. No, los vientos son flojos

a. Falso – La media es 16–18 grados pero en verano 30 grados
b. Verdadero
c. Falso – En agosto la sensación térmica es alta
d. Falso – Se sitúa en el Atlántico

Cambridge IGCSE Spanish as a Foreign Language

- e Verdadero
- f Falso – Vigo tiene un microclima
- g Falso – Es una de las ciudades que cuenta con más días despejados
- h Verdadero

> **Gramática: El pretérito imperfecto**

Actividad preparatoria
Antes de empezar con la explicación del imperfecto pregúnteles a sus alumnos si alguna vez han visto formas verbales en el pasado distintas al pretérito. Les puede dar a leer un texto donde estén mezclados los dos tiempos verbales para que, en parejas, identifiquen el nuevo tiempo verbal e intenten deducir qué usos puede tener.

Desarrollo de la actividad
Intente encontrar una forma de aprender las terminaciones verbales que funcione para sus alumnos. Canciones, pósteres o diagramas son formas útiles que pueden servir de punto de inicio.

5 Expresión oral y escrita

Actividad preparatoria
Antes de empezar la actividad intente que sus alumnos memoricen los usos del imperfecto. De esta forma este ejercicio servirá como refuerzo.

Desarrollo de la actividad
Anime a sus alumnos a que hablen entre ellos para ver si hay más de un uso al que cada forma verbal pueda corresponder.

> **ACTIVIDAD DE DIFERENCIACIÓN**
>
> Anime a sus alumnos más aventajados a que continúen cada frase inventando una segunda parte unida por una conjunción en la que utilicen el imperfecto o una mezcla de pretérito e imperfecto.

Solución
1. Cuando tenía 15 años siempre iba de vacaciones a la playa – 3, 1
2. La amiga que conocí en la playa era muy simpática – 4
3. Iba al colegio cuando empezó a llover – 2
4. Cuando vivías en Cádiz siempre ibas a la playa todas las tardes – 2, 1
5. Estaba muy feliz porque la canción que canté ganó el primer premio – 5
6. Todos estábamos un poco tristes porque empezó a llover y no pudimos ir al cine – 5
7. Casi siempre comíamos en el restaurante italiano del barrio – 1
8. Nunca jugabas al baloncesto cuando estabas en tu antiguo colegio – 1, 2
9. Volví a casa muy tarde del colegio, eran las siete y media – 3
10. Estaba en la ducha cuando sonó el teléfono – 2

6 Expresión escrita

Actividad preparatoria
Antes de empezar intente que sus alumnos hayan memorizado las formas verbales y los dos verbos irregulares para que se centren en diferenciar los dos tiempos verbales en vez de tener que pensar en las terminaciones.

Desarrollo de la actividad
Esta actividad se puede realizar de forma oral o escrita, individual o en parejas, dependiendo del nivel de los alumnos.

> **ACTIVIDAD DE DIFERENCIACIÓN**
>
> Una vez terminado el ejercicio los alumnos más aventajados pueden escoger un párrafo y reescribirlo cambiando la mayor cantidad posible de elementos, pero manteniendo la estructura para que así, de forma creativa, interioricen los usos del imperfecto.

Solución
El año pasado tuve unas vacaciones geniales. Cuando era pequeño siempre iba a casa de mis abuelos porque vivían cerca de la playa, pero este año mi madre cambió de opinión y decidió ir a la montaña. Mi hermano no estaba muy emocionado porque no le gusta el frío, pero yo estaba encantado. La última vez que fui de vacaciones a la montaña yo tenía sólo 5 años así que casi no me acuerdo.

Fuimos en coche para poder llevar mucho equipaje. El viaje duró 3 horas pero yo no estaba cansado porque tenía muchas ganas de ir. Llegamos por la mañana y el tiempo era horrible, llovía y hacía bastante frío. Mi hermano no estaba nada contento pero se animó cuando vio el enorme televisor de su habitación.

Unidad 3

Por la noche ya hacía mejor tiempo así que, como era temprano, decidimos ir a dar un paseo. Fuimos hasta el pueblo y nos tomamos un helado. Cuando era más pequeño siempre tomaba helado de chocolate pero esta vez pedí uno de pistacho.

El resto de la semana fue genial. Todas la mañanas desayunábamos en la terraza e íbamos a dar un paseo. Siempre hacíamos lo mismo pero un día decidimos explorar otra montaña. Nos perdimos un poco pero al final encontramos el camino de vuelta y, aunque estábamos un poco cansados, todos estábamos muy felices también.

7 Expresión escrita

Actividad preparatoria

Pídale a sus alumnos que piensen en dos o tres ideas para hacer este ejercicio y que se las presenten a su compañero para que juntos decidan cuál es más original o cuál va a ser más útil para poder utilizar diferentes tiempos verbales.

Desarrollo de la actividad

Anime a sus alumnos a que utilicen frases complejas y a que mezclen distintos tipos de pasado en la misma frase para que se acostumbren a hacerlo de forma natural.

3.6 Una pesadilla de vacaciones

Objetivos

Vocabulario:
- Consejos de salud
- Problemas de salud
- Accidentes

Gramática:
- Pretérito perfecto compuesto
- Imperfecto continuo

Competencias comunicativas:
- Seguir y dar consejos de salud
- Hablar de problemas de salud
- Describir accidentes

1 Comprensión lectora

Actividad preparatoria
Antes de empezar el ejercicio puede darles algunos consejos a sus alumnos para ir a la playa y pedirles que decidan si son buenos consejos o malos.

Desarrollo de la actividad
Dependiendo del nivel de los alumnos trabaje el vocabulario más general o las palabras más específicas.

ACTIVIDAD DE DIFERENCIACIÓN

Aunque no hayan estudiado el imperativo esta actividad puede servir como introducción. Pida a sus más aventajados que intenten deducir cuáles son las terminaciones y las reglas para que cuando lo estudien les resulte ya familiar.

Solución
a. Tener algunas precauciones
b. Constantemente
c. Mediodía
d. Tener un punto de referencia / no alejarse de la familia o amigos
e. A los socorristas
f. La crema solar y un gorro o visera
g. Para la gente con los ojos claros. Ponerse gafas de sol
h. Que te puedes bañar
i. Porque las corrientes te pueden arrastrar

2 Comprensión lectora

Actividad preparatoria
Antes de hacer el ejercicio puede hacer uno un poco más fácil de forma oral con sus alumnos. Dígales tipos de vacaciones y palabras claves y pídales que le digan si están relacionadas o no.

Esta actividad sirve para repasar distintos tipos de vacaciones y para presentar vocabulario específico para distintos tipos de vacaciones que pueden utilizar más tarde.

Solución
Posibles respuestas:

Lleva siempre un impermeable por si llueve para no coger frío – **Vacaciones de montaña, senderismo**

Utiliza gafas de sol – **playa, esquí**

Lleva siempre comida y bebida de emergencia en la mochila – **vacaciones de montaña**

Báñate sólo si hay socorrista – **playa, piscina**

No pases demasiado tiempo viendo la televisión, sal al jardín – **vacaciones en casa**

Lleva un mapa o GPS – **vacaciones de aventura, montañismo**

Bebe agua regularmente – **playa, montaña**

Ponte un casco y gafas de protección – **Deportes de aventura**

3 Trabajo colaborativo

Actividad preparatoria
Antes de empezar asegúrese de que sus alumnos recuerdan las partes del cuerpo.

Desarrollo de la actividad
Asegúrese durante el ejercicio de que sus alumnos utilizan la mayor cantidad posible de vocabulario y de que practican todas las expresiones nuevas.

ACTIVIDAD DE DIFERENCIACIÓN

Pida a sus alumnos con un nivel más alto que inventen nuevos problemas de salud para que su compañero pueda adivinar de qué se trata. Si quiere hacer un ejercicio con toda la clase puede hacer un juego en el que alguien hacen los gestos de un problema de salud y todos los demás tienen que decir cosas que no pueden ser.

El D.N.I.

El D.N.I. es parte esencial de la cultura de todos los españoles y de muchos otros países de habla hispana. Por esta razón es importante que los alumnos comprendan los usos y la importancia de este documento.

Pida a sus alumnos que hagan un pequeño proyecto investigación. Estos son algunos puntos sobre los que pueden buscar información:

- ¿Para qué se usa?
- ¿Cuál es la edad mínima para la atención del D.N.I.?
- ¿A qué edad es obligatorio para los españoles?
- ¿Cómo se calcula la letra?
- ¿Cuánto cuesta sacarse o renovar el D.N.I.?

4 Expresión escrita

Actividad preparatoria
Asegúrese de que sus alumnos han entendido bien la formación del perfecto y de que están familiarizados con los participios de pasado irregulares. Quizás sea una buena idea realizar alguna actividad rápida de forma oral, de forma individual o en grupo, antes de realizar este ejercicio de forma escrita.

Desarrollo de la actividad
Dependiendo de la experiencia lingüística de los estudiantes intente anticipar posibles errores por influencia de su lengua materna tales como concordancias innecesarias del participio de pasado o uso de diferentes auxiliares de forma errónea.

ACTIVIDAD DE DIFERENCIACIÓN

Para los alumnos que encuentren este ejercicio más fácil, pídales que cambien la persona de los tiempos verbales en cada frase intentando incluir *usted y ustedes*. También les puede pedir que anticipen otras formas verbales compuestas como el pretérito pluscuamperfecto. Déles un ejemplo y pídales que transformen algunas frases del ejercicio.

Solución
a he estudiado
b Has dormido
c he ido
d se ha roto
e Habéis andado
f hemos cantado
g te has torcido

5 Comprensión auditiva

Actividad preparatoria
Asegúrese de que los alumnos conozcan las palabras claves del ejercicio. Si es necesario trabaje con ellos algunas de las más difíciles que puedan ocasionar problemas.

Desarrollo de la actividad
Pida a sus alumnos que rellenen la tabla con la información adecuada prestando atención a las palabras claves. Asegúrese de que se centran en la información requerida.

ACTIVIDAD DE DIFERENCIACIÓN

Una vez acabado el ejercicio pida a sus alumnos más aventajados que reconstruyan las frases en han oído utilizando el pretérito. Los alumnos menos aventajados pueden trabajar con la transcripción del audio identificando problemas y soluciones.

Transcripción del audio: Pista 22

Cliente 1:	Me duele la cabeza desde ayer por la mañana, creo que no he dormido lo suficiente.
Farmacéutico:	Le voy a dar unas pastillas – tómese una 3 veces al día.
Cliente 2:	Me he torcido el tobillo esta tarde en un partido de baloncesto y lo tengo hinchado.
Farmacéutico:	Póngase esta crema y tome estas pastillas cada 3 horas, pero le recomiendo ir al médico.
Cliente 3:	He jugado un partido de tenis hace un par de días y ahora me duele la espalda.
Farmacéutico:	Quédese en la cama y póngase esta pomada cada hora.
Cliente 4:	Me duele la garganta y una muela. El dolor empezó hace una semana.
Farmacéutico:	Puede tomar este jarabe cada 6 horas pero le aconsejo ir al dentista.
Cliente 5:	Ayer fui a una fiesta de cumpleaños y comí muchos caramelos y pasteles. Me duele mucho el estómago.
Farmacéutico:	Toma mucha agua y tómate estas pastillas.

Cambridge IGCSE Spanish as a Foreign Language

Solución

	Problema	Cuándo empezó	Causa	Consejo del farmacéutico	Dosis
1	dolor de cabeza	ayer por la mañana	no ha dormido lo suficiente	pastillas	1 tres veces al día
2	tobillo hinchado	esta tarde	se lo torció jugando al baloncesto	crema / pastillas / ir al médico	pastillas: cada 3 horas
3	dolor de espalda	hace un par de días	partido de tenis	quedarse en la cama / pomada	pomada: cada hora
4	dolor de garganta y muela	hace 1 semana	–	jarabe / ir al dentista	jarabe: cada 6 horas
5	dolor de estómago	ayer	comió muchos caramelos y pasteles en una fiesta de cumpleaños	tomar mucha agua / pastillas	–

6 Trabajo colaborativo

Actividad preparatoria
Antes de hacer el ejercicio puede hacer con sus alumnos una lista con el vocabulario clave. Separe la lista en sustantivos y verbos para que les sea más fácil.

Desarrollo de la actividad
En esta actividad los alumnos deberán unir una serie de ilustraciones con los accidentes que representan. Asegúrese de que los alumnos entienden todo el vocabulario específico relacionado con los accidentes.

ACTIVIDAD DE DIFERENCIACIÓN

Una vez realizado el ejercicio puede pedir a sus alumnos más aventajados que describan las imágenes de forma escrita u oral utilizando sus propias palabras. De esta forma practicarán sinónimos y formas diferentes de describir accidentes.

Solución
a2, b1, c5, d3, e4.

7 Expresión escrita

Actividad preparatoria
Antes de empezar asegúrese de que sus alumnos conocen el vocabulario necesario para el ejercicio. De igual manera hable con ellos sobre el estilo que deberá tener el informe para que piensen en qué recursos van a utilizar para que sea formal.

Desarrollo de la actividad
En este ejercicio los alumnos deberán rellenar un formulario tras haber sido testigos de un accidente. Los alumnos pueden utilizar vocabulario aprendido en otros temas a modo de repaso. Asegúrese de que utilizan estructuras variadas con tiempos verbales correctos.

8 Comprensión auditiva

Actividad preparatoria
Antes de realizar el ejercicio trabaje las imágenes con sus alumnos. Pídales que en parejas o en grupo hagan una lista de las palabras que creen que van a salir en el ejercicio basándose en las imágenes. Pueden separar los sustantivos de los verbos.

Desarrollo de la actividad
En este ejercicio los alumnos deberán poner una serie de imágenes en orden basándose en lo que oyen.

ACTIVIDAD DE DIFERENCIACIÓN

Pida a sus alumnos que presten atención a los usos del imperfecto continuo. Pregúnteles cuántas veces se utiliza en el audio. Pida a sus alumnos más aventajados que transformen algunas de las formas que no están en el imperfecto continuo pero que podrían estarlo.

🖥️ 🔊 Transcripción del audio: Pista 23

Estaba paseando con un amigo cuando de repente presenciamos un accidente.

Un coche bajaba la calle a toda velocidad y se saltó el ceda el paso en el cruce.

Era un coche descapotable rojo y el conductor era un hombre de mediana edad, con el pelo moreno y llevaba gafas de sol.

En el cruce chocó con otro coche gris que circulaba con normalidad.

El coche gris intentó esquivarlo pero no pudo porque solo había un carril.

Mi amigo y yo nos acercamos para ver si había heridos y llamamos a una ambulancia.

La ambulancia y un coche de policía llegaron enseguida.

Una de las personas del coche gris sangraba por la cabeza.

Solución
4, 1, 7, 3, 2, 5, 8, 6

9 💬 Expresión oral

Actividad preparatoria
Antes de hacer el ejercicio pida a sus alumnos que piensen en qué conjunciones y conectores van a tener que utilizar para unir las ideas de forma lógica.

🖥️ Desarrollo de la actividad
Una vez realizado el ejercicio 8 los alumnos pueden volver a reconstruir el informe del accidente de forma oral o escrita. Esto se puede realizar basándose en el orden del audio o si prefieren pueden reordenar las imágenes de forma creativa y basarlo en esta nueva historia. Pídales a sus alumnos que utilicen tiempos verbales variados y que incluyan el imperfecto continuo.

Actividades de repaso

1
Esta actividad ayuda al alumno a practicar el juego de roles en el que los compañeros o el profesor hacen las preguntas. Para hacer este juego de roles es esencial que los alumnos entiendan que los dos puntos claves son la corrección gramatical y la realización de todas las tareas. Aunque parezca obvio, recuérdele a sus alumnos que parte esencial de algunas tareas es saludar, decir gracias. En este tipo de actividades la corrección gramatical debe primar sobre las florituras. Acostumbre a sus alumnos a contestar de manera concisa con estructuras gramaticales que dominen para que no cometan errores.

2
En esta actividad los alumnos deberán leer bien el enunciado para que entiendan la mecánica del ejercicio. Es importante que lean la totalidad de las preguntas y decidan cuáles van a ser las verdaderas y cuáles las falsas.

Solución
1   V
2   F – *Hoy en día la gente quiere ser activa*
3   F – *Las opciones son interminables y se adaptan a todos los gustos*
4   V
5   F – *Hay proyectos para familias con hijos entre 6 y 16 años*
6   V

Unidad 4: Mi mundo profesional

4.1 Trabajos y profesiones

Objetivos

Vocabulario:
- Las profesiones y los profesionales
- Estructuras básicas para preguntar por la profesión
- Verbos y adjetivos para describir profesiones

Gramática:
- Los verbos ser, trabajar y dedicarse
- El condicional

Competencias comunicativas:
- Dar información y describir una profesión
- Expresar gustos y preferencias en relación a las actividades profesionales

1 Actividad de vocabulario y gramática

Actividad preparatoria

Comente a sus alumnos el tema de la unidad y pregúnteles por las formas ya estudiadas para preguntar por la profesión.

- ¿En qué trabajas?
- ¿Qué haces?
- ¿A qué te dedicas?
- ¿Cuál es tu profesión?

Desarrollo de la actividad

Explique a sus alumnos que, con la ayuda del diccionario, deberán relacionar el nombre de las profesiones con las fotos.

Solución
1 B 2 H 3 I 4 E 5 G 6 F 7 D 8 A 9 J 10 C

2 Vocabulario

Actividad preparatoria

Haga un juego con mímica para aprender y practicar el vocabulario sobre los nombres de las profesiones.

En parejas o en clase abierta, un alumno representará con gestos una de las profesiones y el otro deberá adivinar de qué profesión se trata.

Desarrollo de la actividad

Diga a sus alumnos que lean las frases y las completen con las profesiones del cuadro.

Para la corrección pídales que comparen sus cuadernos con un/a compañero/a.

> **ACTIVIDAD DE DIFERENCIACIÓN**
>
> Proponga a sus alumnos más aventajados que, con la ayuda del apartado "El trabajo y la actividad profesional", escriban en sus cuadernos algunos ejemplos explicando las profesiones de sus familiares y/amigos.
>
> *Ejemplo: Mi padre es farmacéutico. Trabaja en una farmacia.*

Solución
1. recepcionista
2. carpintero
3. jardinero
4. actriz
5. astronauta
6. enfermera

3 Expresión escrita

Actividad preparatoria

Explique a sus alumnos que van a leer rutinas de tres profesiones. Pídales que lean los textos y que marquen todos los verbos.

Desarrollo de la actividad

Diga a sus alumnos que lean los textos e identifiquen las profesiones.

Para orientarlos con las palabras claves, dígales que se fijen en los verbos marcados anteriormente y en elementos y palabras como lugares de trabajo, horarios, transportes, personas, etc.

Unidad 4

Ayude a los alumnos menos aventajados y oriénteles sobre los párrafos o partes del texto en los que se encuentran las informaciones claves. Si es mucha dificultad para ellos, dígales que se concentren solo en el primero de los textos.

Pida a sus alumnos más aventajados que vuelvan a escribir uno de los textos con todos los verbos en condicional de la siguiente manera:

Me gustaría ser taxista, Me levantaría temprano ...

Solución
1. Taxista
2. Profesor/a
3. Detective privado

4 Expresión lectora escrita

Actividad preparatoria
Realice esta actividad previa para fijar y practicar el vocabulario de las profesiones con las formas masculinas y femeninas.

Dibuje en la pizarra el siguiente cuadro y pida a sus alumnos que clasifiquen todas las profesiones de las actividades 1, 2 y 3 según corresponda.

-o ↑ -a	-or ↑ -ora	masculino = femenino

Desarrollo de la actividad
Dígales que hagan la actividad del libro completando la tabla y que argumenten sus respuestas en sus cuadernos.

> **ACTIVIDAD DE DIFERENCIACIÓN**
>
> Con la ayuda de internet y/o el diccionario, pida a los alumnos menos aventajados que individualmente o en parejas hagan un póster con fotos, dibujos, etc., sobre profesiones y trabajos. Los nombres deberán aparecer en sus formas masculinas y femeninas.
>
> Proponga a sus alumnos más aventajados que escriban en sus cuadernos una lista con profesiones, el nombre de los lugares de trabajo y de la actividad (curar, enseñar, construir, diseñar, dirigir, apagar fuegos, etc...) de cada profesión realiza. Dígales que usen el diccionario.

Dígales que los cuelguen en el aula para decorarla y para usarlos como ayuda visual para los alumnos que lo necesiten.

5 Expresión escrita y oral

Actividad preparatoria
Piense en una profesión y pida a sus alumnos que le hagan oralmente preguntas para adivinarla.

Desarrollo de la actividad
Pida a sus alumnos que escriban un texto con la rutina y horarios de la profesión que hayan elegido y dígales que pongan especial atención en el uso correcto de los verbos. Anímelos a que usen expresiones de frecuencia como "todos los días", "generalmente", "a veces", etc...

Una vez escritos los textos, agrupe a sus alumnos en parejas para que se lean los textos y adivinen las profesiones.

6 Comprensión lectora

Actividad preparatoria
Antes de empezar con la actividad en sí, pregunte a sus alumnos si saben qué es una sigla (la creación de una palabra a partir de cada letra inicial de los elementos principales de una expresión más larga y/o compleja).

Desarrollo de la actividad
A continuación, dígales que realicen la actividad de comprensión lectora. Recomiéndeles que lean el texto, primero sin diccionario y luego, si lo necesitan, con la ayuda del diccionario.

> **ACTIVIDAD DE DIFERENCIACIÓN**
>
> Diga a sus alumnos más aventajados que busquen otras siglas, escriban una lista en sus cuadernos y la compartan con el resto de sus compañeros.
>
> *Ejemplos: AVE (alta velocidad española), ONG (organización no gubernamental), ESO (enseñanza secundaria obligatoria)*

Solución
desempleo, salario, discriminación, explotación, laboral, condiciones, empresa, sindicato ...

OIT, ONU

7 Expresión escrita

Actividad preparatoria

Escriba en la pizarra las siguientes estructuras para orientar a sus alumnos en las descripciones. Explíquelas y dé un par de ejemplos:

… es una cosa/una persona/algo que …

… es un lugar en el que …

El trabajador suele (infinitivo) … / Los trabajadores suelen (infinitivo) …

Desarrollo de la actividad

Explique a sus alumnos que para practicar la construcción de frases complejas y el vocabulario deberán escribir definiciones a la manera de un diccionario. Para ello, y con la ayuda del diccionario, los alumnos deberán escribir, a su estilo y con sus propias palabras, las descripciones de las palabras propuestas.

Ejemplo:
Una empresa es un lugar donde trabajan muchas personas. Las empresas suelen tener un jefe o director y muchos trabajadores. Es un sinónimo de firma, compañía, etc.

ACTIVIDAD DE DIFERENCIACIÓN

Pida a sus alumnos con más nivel que escriban en sus cuadernos más definiciones "personales" de otras palabras, ideas y conceptos generales como economía, crisis, etc. Para los alumnos menos aventajados sugiera palabras más concretas como vendedor(a), banco, etc., y anímelos a que trabajen de forma colaborativa y en parejas.

8 Comprensión auditiva

Actividad preparatoria

Ponga la audición una primera vez para contextualizar la actividad y situar a los alumnos. Haga preguntas generales como ¿Quién es? ¿De qué habla? ¿De qué trabajó? ¿En dónde?, ¿Qué días trabajaba?

Desarrollo de la actividad

Diga a sus alumnos que leen las frases antes de escuchar el audio. Ponga la audición tantas veces como crea necesario.

Para facilitar la comprensión y dar a los alumnos tiempo para escribir, le sugerimos que haga pausas en los fragmentos en los que aparezca la información importante.

ACTIVIDAD DE DIFERENCIACIÓN

Pida a los alumnos más aventajados que, individualmente o en parejas, escriban un texto en presente o en pasado con la rutina diaria de Alex.

Transcripción del audio: Pista 24

Voz 1: Me llamo Alex y durante los estudios de mi último curso del instituto solicité para los meses de verano un puesto como camarero para hacer unas prácticas laborales y acercarme al mundo del trabajo.

Hice las prácticas laborales en el hotel Playa de Fuengirola, un pueblo de la provincia de Málaga, durante 2 meses. Es un hotel de tres estrellas en el centro de la ciudad, con 50 habitaciones. El hotel dispone de sala de conferencias, piscina, gimnasio, sauna y hay también un restaurante y un bar para los clientes.

El primer día hice un tour del hotel para conocer las instalaciones y al personal. Cada día trabajaba de las 6.30 de la mañana al mediodía y de las siete de la tarde a las 22.30. Servía los desayunos y las cenas a los clientes en el restaurante. Los sábados los tenía libre.

Sin experiencia como camarero el trabajo no fue tan fácil pero lo más duro era que tenía que trabajar muchas horas. De todas formas fue muy interesante y lo mejor fue que el salario era muy bueno y que practiqué mucho mi español. El año que viene volveré a España porque me gustaría trabajar de nuevo en otro hotel en Ibiza o en Mallorca.

Solución

1. Para sus prácticas laborales Alex trabajó como camarero.
2. Alex realizó su periodo de prácticas en el hotel Playa de Fuengirola.
3. Las prácticas duraron 2 meses.
4. Su horario laboral era de 6:30 h. a 12.00 h. y de 19:00 h. a 22.30 h.
5. Alex tenía que servir los desayunos y las cenas en el restaurante.

Unidad 4

6   Alex trabajaba todos los días menos los sábados.
7   Lo mejor fue que su salario era muy bueno y que Alex practicó su español.
8   El año que viene Alex volverá a España porque le gustaría trabajar en un hotel en Ibiza o Mallorca.

9 Comprensión lectora

Actividad preparatoria
Pida sus alumnos que previamente lean atentamente el texto y marquen las palabras claves para la comprensión y la búsqueda de la información.

Desarrollo de la actividad
Diga a sus alumnos que lean el texto, primero sin diccionario y luego con el diccionario, y que con la ayuda de las palabras claves encuentren las informaciones en los párrafos.

> **ACTIVIDAD DE DIFERENCIACIÓN**
>
> Pida a sus alumnos más aventajados que escriban en sus cuadernos un breve resumen del texto con las ideas principales.
>
> Los alumnos menos aventajados podrían escribir en sus cuadernos una selección de vocabulario y/o estructuras que aparecen en el texto sobre el tema del trabajo.

Solución
a   3
b   4
c   2
d   1
e   2

10 Actividad colaborativa y expresión oral

Actividad preparatoria
Pida a sus alumnos que se agrupen y explíqueles que van a trabajar en grupos para elaborar un póster con las características fundamentales del trabajo perfecto.

Para animar la discusión pregúnteles si creen que el trabajo perfecto existe y qué criterios deberían ser importantes.

Desarrollo de la actividad
Diga a sus alumnos que elaboren el póster. Si lo desean podrán decorarlo con dibujos y fotos.

Recuérdeles que usen el condicional con estructuras del tipo:

"Para mí/nosotros el trabajo ideal sería …", "Un trabajo perfecto tendría que …", "En el trabajo perfecto los trabajadores (verbos en condicional…)", etc.

> **ACTIVIDAD DE DIFERENCIACIÓN**
>
> Diga a sus alumnos que escriban un texto (150 palabras) con sus opiniones personales sobre el trabajo ideal y/o perfecto.

> **El trabajo**
>
> Algunas informaciones y datos para concienciar a los jóvenes sobre la importancia de este tema, la prohibición del trabajo infantil, la OIT, etc.
>
> Diga a sus alumnos que lean el texto del "rincón cultural" y respondan a las preguntas de la actividad relacionada con el texto.

4.2 Planes de futuro

Objetivos

Vocabulario:
- Los trabajos y las actividades profesionales temporales
- Las prácticas de trabajo
- Estructuras para expresar planes en el futuro

Gramática:
- El futuro inmediato: ir + a + infinitivo
- Los verbos querer, esperar y soñar

Competencias comunicativas:
- Hablar sobre el futuro inmediato
- Hablar sobre el futuro profesional
- Expresar deseos

1 Vocabulario y comprensión lectora

Actividad preparatoria
Pida a sus alumnos que miren la foto. Hágales preguntas para que respondan oralmente del tipo:

¿Qué veis en la foto?, ¿Quién es esta chica?, ¿De dónde es?, ¿Cuántos años tiene?, ¿Dónde está?, etc.

Desarrollo de la actividad
Una vez descrita la chica de la foto pida a sus alumnos que escriban en sus cuadernos todas las palabras, frases, informaciones, ideas, pensamientos, sentimientos, etc., que la foto pueda sugerirles.

> **ACTIVIDAD DE DIFERENCIACIÓN**
>
> Pida a sus alumnos que conjuguen en sus cuadernos los verbos **pensar, soñar y querer** en presente, presente continuo, pretérito perfecto, pretérito indefinido, pretérito imperfecto y condicional.
>
> Los alumnos más aventajados podrían intentar construir y escribir en sus cuadernos algunas frases en contexto.

2 Expresión oral

Actividad preparatoria
Remita a sus alumnos al cuadro sobre los **planes para el futuro** y pregúnteles por la conjugación de la estructura **ir + a + infinitivo**.

Desarrollo de la actividad
Agrupe a sus alumnos en parejas y dígales que respondan a las preguntas de la actividad.

3 Actividad de vocabulario y gramática

Actividad preparatoria
Escriba en la pizarra la expresión "Planes de futuro" y, al lado, "trabajar en una escuela".

Pida a sus alumnos que le den más ejemplos de acciones y actividades que serían planes de futuro.

Desarrollo de la actividad
Diga a sus alumnos que lean las frases y las relacionen con la foto correspondiente.

> **ACTIVIDAD DE DIFERENCIACIÓN**
>
> Diga a sus alumnos menos aventajados que marquen las estructuras en las frases y las conjuguen por escrito en todas las personas.
>
> Proponga a los alumnos más aventajados que escriban algunos ejemplos más de planes de futuro inspirándose en alguna de las fotos. Sus compañeros deberán decir de qué foto se trata.

Solución
1 e 2 g 3 b 4 h 5 a 6 c 7 f 8 d

4 Expresión oral

Actividad preparatoria
Pregunte a sus alumnos si ya saben en qué les gustaría trabajar.

Desarrollo de la actividad
Pida a sus alumnos que hablen sobre sus planes en el futuro y tomen notas de lo que sus compañeros dicen.

> **ACTIVIDAD DE DIFERENCIACIÓN**
>
> Como práctica escrita, pida a sus alumnos más aventajados que, con las notas que tomaron, escriban en sus cuadernos un texto sobre los planes de futuro de algunos de sus compañeros.
>
> Los alumnos menos aventajados podrían leer los textos de sus compañeros en voz alta para toda la clase, concentrándose en la pronunciación y la entonación.

Unidad 4

5 Expresión escrita

Actividad de preparación

Explique a sus alumnos que van a escribir un texto sobre sus planes y sueños de futuro. Haga hincapié en la necesidad de usar conectores a la hora de escribir un texto para ordenarlo temporalmente y sugiérales que lo redacten usando conectores y locuciones temporales como:

En primer lugar / Finalmente / Para terminar

Primero / Después / más tarde / a continuación

Después / antes de + infinitivo

Desarrollo de la actividad

Diga a sus alumnos que escriban el texto según las preguntas que propone la actividad.

Recuérdeles que deberán usar las estructuras para expresar planes y sueños en el futuro y organizarlo temporalmente.

> **ACTIVIDAD DE DIFERENCIACIÓN**
>
> Pregunte a sus alumnos si conocen a alguna persona (familiar, cantante, actor, político, etc.) a la que admiran y les gustaría imitar o ser como ella. Dígales que usen la estructura: **A mí me gustaría ser como …**
>
> Diga a sus alumnos menos aventajados que escriban un breve texto con algunas frases sobre ellas. Los alumnos más aventajados podrían hacer una presentación oral sobre la persona.

6 Comprensión auditiva

Actividad preparatoria

Lleve a clase una foto de Martin Luther King. Pregunte a sus alumnos si saben quién es, por qué luchó y si conocen la frase (I have a dream…) que usó en su discurso más renombrado.

Comente a sus alumnos la riqueza de la palabra "sueño".

Tener sueño: tener ganas de dormir

Tener un sueño: soñar mientras dormimos

Tener el sueño de …: querer realizar algo en el futuro

Desarrollo de la actividad

Explique a sus alumnos que van a escuchar tres audios. Ponga la audición una primera vez para contextualizar la actividad y situar a los alumnos. Pregúnteles sobre qué hablan las tres personas.

Contextualizada la audición, diga a sus alumnos que completen el cuadro con los planes y sueños de los tres chicos.

No olvide hacer pausas en la audición para que los alumnos tengan tiempo suficiente para escribir.

> **ACTIVIDAD DE DIFERENCIACIÓN**
>
> Diga a sus alumnos más aventajados que trabajen en parejas para discutir y escribir en sus cuadernos el significado de estas expresiones con la palabra "sueño". Dígales que escriban algunos ejemplos. Tener sueño / Tener un sueño / Tener el sueño de …

Transcripción del audio: Pista 25

Voz 1: En el futuro, quiero hacer muchas cosas, demasiadas quizás. Me gustaría estudiar Medicina y espero ayudar a la gente que está enferma. Mi sueño es ser una doctora muy buena para poder trabajar como voluntaria en una organización de ayuda humanitaria como "Médicos sin fronteras".

Voz 2: A mí, si puedo elegir, me gustaría viajar mucho y conocer muchos lugares en el mundo. Tengo muchas ganas de vivir en el extranjero. Por eso, voy a trabajar como diplomático y voy a aprender muchas lenguas. Y puestos a soñar, voy a ser el embajador de mi país en muchos países exóticos.

Voz 3: ¿Mis sueños y mis planes de futuro? Pues tengo el gran sueño de ser famosa, vivir en Hollywood y ganar un Oscar. O mejor dos, ¿no? Lo tengo clarísimo. Después del instituto voy a estudiar arte dramático y voy a ser una actriz súper conocida y súper rica.

Solución

	Planes de futuro	Sueños
1	Estudiar Medicina	Ser una doctora muy buena
		Ayudar a la gente enferma
		Trabajar como voluntaria en Médicos sin fronteras
2	Viajar mucho y conocer el mundo	Ser embajador en países exóticos
	Trabajar como diplomático	Vivir en el extranjero
	Aprender muchas lenguas	
3	Estudiar arte dramático	Ser famosa
	Ser una actriz conocida y rica	Vivir en Hollywood
		Ganar un Oscar, o mejor dos

7 Comprensión auditiva

Actividad preparatoria

Comente a sus alumnos que van a oír una audición y que va a hacerles algunas preguntas sobre ella. Haga preguntas del tipo:

¿Qué tipo de documento sonoro habéis escuchado?, ¿Quiénes hablan? ¿Dónde están las personas que hablan?, ¿De qué hablan?

Desarrollo de la actividad

Explique a sus alumnos que deberán escuchar de nuevo la audición y decidir si las informaciones son verdaderas o no. En el caso de que sean falsas deberán escribir en sus cuadernos la respuesta correcta.

ACTIVIDAD DE DIFERENCIACIÓN

Facilite a sus alumnos la transcripción del audio.

Los alumnos menos aventajados podrían leer el diálogo entre ellos para practicar la lectura y la pronunciación y los más aventajados podrían trabajar en parejas para reescribir el diálogo tratando de adaptar las intervenciones a su realidad personal.

Transcripción del audio: Pista 26

Voz 1: Buenos días Carmen y gracias por venir a la radio del instituto.

Voz 2: De nada. Gracias a vosotros por invitarme. Estoy un poquito nerviosa.

Voz 1: No te preocupes. Es solo hablar... ¿Y qué podrías contarnos sobre tu experiencia como au-pair en Estados Unidos? ¿Cuánto tiempo has estado allí?

Voz 2: Medio año. La verdad es que me fue muy bien y se lo recomiendo a todo el mundo. Al principio es un poco difícil, sin tu familia y sin tus amigos, pero luego te acostumbras a estar sola y a vivir en un país que no conoces.

Voz 1: ¿Y lo organizaste tú todo? ¿Fuiste por tu cuenta?

Voz 2: No. No. Una agencia americana de trabajo temporal especializada en trabajos de au-pair lo organizó todo: mi billete, mi visado, encontrar a la familia en Boston, etc. Es lo mejor, porque hay tantas cosas que organizar...

Voz 1: ¿Tú sabías hablar inglés antes de irte o lo aprendiste allí?

Voz 2: Yo tenía un nivel básico de inglés antes de irme y me ayudó mucho en los primeros días para entenderme con la familia y con los dos niños que tenía que cuidar. Pero vamos, al principio también hablaba mucho "con las manos" para que me entendieran. Creo que es mejor aprender inglés antes de irte.

Voz 1: ¿Y cómo era tu rutina diaria?

Voz 2: Bueno, dependía del día. Yo vivía en casa de la familia y de lunes a viernes los niños estaban en el colegio y los sábados y domingos pasaba mucho más tiempo con los niños. Marc tenía 7 años y Mary, 9 años. Durante la semana tenía que llevar a los niños al colegio, arreglar un poco la casa y por la tarde recogerlos del colegio. Después del colegio los llevaba a jugar al fútbol, o al ballet, o a la actividad que tuvieran y ya en casa les ayudaba a hacer los deberes. Los fines de semana, la verdad era como estar en familia donde todos juntos hacíamos actividades.

Unidad 4

Voz 1:	¿Y tenías tiempo libre para ti?
Voz 2:	Sí, claro. Durante la semana tenía tiempo para ir a la escuela donde estudiaba inglés. Allí conocí a varios chicos y chicas de diferentes países y de vez en cuando, sobre todo los fines de semana, salíamos a tomar algo o al cine.
Voz 1:	¿Y enseñaste algo de español a los niños?
Voz 2:	Sí, un poco. Algunas veces cantaba con los niños en español para que aprendieran y les encantaba.
Voz 1:	Entonces, para terminar, ¿podríamos decir que ha sido una experiencia positiva?
Voz 2:	Absolutamente. He conocido un país y a una familia maravillosa y, además, he mejorado enormemente mi inglés. ¡Qué más se puede pedir! Es una experiencia que recomiendo a todo el mundo.
Voz 1:	Muchas gracias.
Voz 2:	De nada.

Solución

1. F. Carmen ha trabajado como au pair en Estados Unidos.
2. V.
3. F. Carmen organizó su viaje por medio de una agencia de trabajo temporal.
4. V.
5. F. Carmen tenía que llevar y recoger a los niños de lunes a viernes.
6. V.
7. F. En su tiempo libre, Carmen salía a tomar algo con amigos e iba al cine.
8. V.

8 Comprensión lectora y expresión escrita

Actividad preparatoria

Reparta los diferentes parágrafos del texto entre sus alumnos. Pídales que los lean de forma rápida y traten de resumirles brevemente el contenido.

Desarrollo de la actividad

Diga a sus alumnos que lean el texto con atención y le pongan un título. Después, deberán escribir en sus cuadernos un resumen (100–120 palabras) con las ideas más importantes. Haga una puesta en común en clase abierta para escuchar los diferentes títulos y resúmenes de sus alumnos.

ACTIVIDAD DE DIFERENCIACIÓN

Pida a sus alumnos con más nivel que elijan una de las profesiones del texto, u otra si lo desean, y en parejas preparen una entrevista por escrito como la de la actividad 7. Para darles a las entrevistas un poco de autenticidad, podrían grabarlas en formato audio.

9 Expresión escrita

Actividad preparatoria

Explique a sus alumnos que van a escribir un texto sobre sus experiencias profesionales en el pasado y recuérdeles la necesidad de planificar y organizar bien la información antes de escribirlo.

Pregúnteles por las preguntas básicas que consideran necesarias para organizar sus textos:

¿Qué?, ¿Con quién?, ¿Dónde?, ¿Cuándo?, ¿Para qué?, ¿Por qué?, ¿Cómo?

Desarrollo de la actividad

Comente a sus alumnos que deberán escribir un texto sobre sus experiencias en el mundo del trabajo. En el caso de no tenerlas, deberán escribir un hipotético texto sobre en qué les gustaría trabajar, por ejemplo, en las vacaciones de verano.

Recuérdeles que sigan las pautas de la actividad preparatoria y que usen conectores y locuciones de tiempo para organizar y ordenar sus textos.

Planes en el futuro

Estructuras básicas para expresar planes y sueños en el futuro en español. Diga a sus alumnos que lean el cuadro y las estrcturas propuestas. Practique las estructuras con sus alumnos y pídales que escriban en sus cuadernos algunos ejemplos personales.

4.3 Estudios y carreras

Objetivos

Vocabulario:
- Los diferentes tipos de estudios
- Las carreras universitarias
- La formación profesional

Gramática:
- El futuro imperfecto

Competencias comunicativas:
- Hablar sobre el futuro
- Hablar sobre carreras y estudios
- Conocer el sistema educativo

1 Vocabulario

Actividad preparatoria

Explique a sus alumnos que como el título de la unidad indica, "carrera" es un sinónimo de estudios e introduzca estas dos preguntas para preguntar por los estudios:

¿Qué estudios tienes?, ¿Qué carrera has estudiado?

Desarrollo de la actividad

Comente a sus alumnos que deberán relacionar los estudios y/o carreras con las diferentes profesiones que aparecen en la actividad. Haga la corrección en parejas.

ACTIVIDAD DE DIFERENCIACIÓN

Pida a sus alumnos más aventajados que busquen otras profesiones e investiguen en internet para ver qué estudios se necesitan.

Solución
1 f 2 e 3 h 4 i 5 a 6 g 7 j 8 b 9 d 10 c

2 Expresión oral

Actividad preparatoria

Pregunte a sus alumnos por las profesiones de sus padres (padre y madre) y pregúnteles si creen que son profesiones típicamente masculinas o femeninas.

Desarrollo de la actividad

Plantee la pregunta que propone la actividad y deles unos minutos para que completen el cuadro en sus cuadernos.

Haga una puesta en común con toda la clase para ver qué opinión tienen al respecto.

ACTIVIDAD DE DIFERENCIACIÓN

Pida a sus alumnos que con la ayuda de internet busquen otros ejemplos de mujeres y hombres famosos e importantes por sus profesiones (políticos, deportistas, artistas, pilotos de avión, etc.).

Con la información recabada, sugiérales que hagan o bien un póster o bien una presentación con el ordenador.

3 Actividad colaborativa

Actividad preparatoria

Lleve a clase fotos de diferentes profesiones como médicos, bomberos, policías, arquitectos, pilotos de avión, etc. Numérelas en la pizarra y pida a sus alumnos que las ordenen en orden de importancia.

Desarrollo de la actividad

Pida a sus alumnos que discutan sobre las 10 profesiones que consideran más importantes para la sociedad. Con ellas, deberán confeccionar un póster y presentarlo al resto de la clase.

Coménteles que no olviden, a la hora de la presentación, argumentar sus decisiones.

ACTIVIDAD DE DIFERENCIACIÓN

Pida a sus alumnos más aventajados que redacten un texto (unas 100 palabras) en sus cuadernos con sus opiniones personales sobre si hay profesiones más importantes que otras.

4 Gramática

Actividad preparatoria

Imprima en grande la frase "Si el fin de semana hace buen tiempo, visitaremos a mis primos de Barcelona".

Recorte todos los elementos de la frase (Si / el / fin / de / semana ...) y péguelos en la pizarra, desordenados, para que los alumnos individualmente intenten armar la frase en sus cuadernos.

Desarrollo de la actividad
Pida a los alumnos que, con la ayuda del diccionario, y el apartado de gramática El futuro imperfecto, completen la segunda parte de las frases propuestas.

ACTIVIDAD DE DIFERENCIACIÓN

Los alumnos no tan seguros con la conjugación de los verbos podrían realizar la actividad anterior de forma escrita.

5 Comprensión lectora y vocabulario
Actividad preparatoria
Explique a sus alumnos que la tarea consiste en leer el texto y encontrar sinónimos para las palabras propuestas en la actividad. Pregúnteles que significa la palabra "sinónimo" y pregúnteles por palabras sinónimas que ya conozcan y/o hayan aprendido sobre el tema del trabajo y las profesiones.

Ejemplos: profesión/trabajo   médico/doctor
profesor/maestro   carrera/estudios   profesional/laboral
famoso/conocido   pintor/artista   salario/sueldo

Desarrollo de la actividad
Diga a sus alumnos que lean el texto detalladamente y realicen la actividad. Anímelos a que usan el diccionario para asegurarse de que conocen exactamente el significado de todas las palabras.

ACTIVIDAD DE DIFERENCIACIÓN

Debido a la riqueza informativa y estructural del texto, proponga a sus alumnos, dependiendo de sus niveles y competencias, otras actividades como resumir el texto, buscar otros sinónimos, reformular fragmentos, trabajar el estilo conectando informaciones por medios de conectores, el estilo directo/indirecto, la lectura y la pronunciación, la acentuación, etc.

Solución
a las chicas: las muchachas
b cuidar: atender
c el pelo: el cabello
d trabajador especializado: personal cualificado
e el día: la jornada
f el profesor: el maestro
g maravillado/a: fascinado/a
h opcional: optativo/a

6 Comprensión auditiva
Actividad preparatoria
Con el libro cerrado, anuncie a sus alumnos que van a escuchar las opiniones de dos chicas y un chico sobre algunas profesiones que, en teoría, podrían ser típicamente masculinas y/o femeninas. Deberán adivinar la profesión de Alicia (árbitro de fútbol) haciéndole preguntas a las que usted solo podrá responder sí o no.

Desarrollo de la actividad
Ponga la audición y diga a sus alumnos que realicen la tarea, seleccionando la opción correcta.

Transcripción del audio: Pista 27

Voz 1: Me llamo Alicia, tengo 17 años y soy árbitro de fútbol. Bueno, aunque no sé si debería decir "árbitra" ... Comencé a hacerlo hace un año después de ver muchos partidos con mis dos hermanos de 12 y 17 años y todos los domingos dirijo un partido de la liga masculina o femenina de juveniles de mi región. Curiosamente, no me ha gustado nunca jugar al fútbol pero arbitrar sí que me gusta... (risas). Claro que no soy profesional pero me gustaría serlo en el futuro. Ya he arbitrado más de 20 partidos y en general creo que lo hago bien.

Voz 2: Mi nombre es Jesús y yo tengo un trabajo al lado de mis estudios para ganar un poco de dinero extra. Yo soy asistente social y durante los fines de semana cuido a personas mayores que viven solas. Mi trabajo no es complicado y me gusta. Básicamente, limpio y ordeno un poco el piso, preparo la comida y paso un rato con ellos hablando y tomando café hasta que se acuestan o algún familiar los visita. Es un trabajo bien pagado y que me hace sentir bien ayudando a otras personas.

Voz 3: Yo soy Claudia y trabajo como repartidora de periódicos. Aunque tengo que levantarme muy temprano, subir muchas escaleras y trabajar con frío o lluvia, me encanta lo que hago. Además, solo trabajo dos domingos al mes. Estoy al aire libre, voy en bicicleta al mismo tiempo que hago deporte gano un poco de dinero extra para mis gastos. Y cuando hago una pausa para descansar, puedo leer el periódico gratis. Es perfecto ¿no?

Solución
1 c 2 b 3 b 4 c 5 c 6 a 7 c 8 a 9 b

7 Expresión oral y escrita
Actividad preparatoria
Explique a sus alumnos que en parejas deberán preparar una entrevista con preguntas y respuestas a una de las personas de la actividad anterior. Haga una lluvia de ideas en clase abierta sobre para preparar posibles preguntas.

Desarrollo de la actividad
Agrupe a sus alumnos en parejas y dígales que elijan a Alicia, Jesús o Claudia para realizarles una entrevista. Si los alumnos quieren podrían grabarla de forma sonora y/o visual.

Sería un material excelente para practicar y mejorar la pronunciación de los alumnos en clase.

Las escuelas universitarias y la formación professional

Formarse y estudiar en la universidad son aspectos importantes para el future professional de la juventud. Sin embargo, no siempre hay que ir a la universidad para ello.

Diga a sus alumnos que lean el texto del "rincón cultural" y pregúnteles por sus profesiones favoritas.

Unidad 4

4.4 La comunicación

Objetivos

Vocabulario:
- Los diferentes tipos de comunicación en el trabajo
- Estructuras para comunicarse por teléfono
- Vocabulario y estructura de una carta formal

Gramática:
- El estilo directo e indirecto
- La correlación de los tiempos en el estilo indirecto

Competencias comunicativas:
- Mantener una conversación telefónica
- Redactar cartas formales

1 Introducción

Actividad preparatoria
Para situar y contextualizar la unidad, diga a sus alumnos que miren la foto y le digan qué ven.

Desarrollo de la actividad
Diga a sus alumnos que contesten a las preguntas de la actividad y marquen la opción correcta.

ACTIVIDAD DE DIFERENCIACIÓN

Diga a sus alumnos con más dificultades con el vocabulario que escriban una lista en sus cuadernos con todas las palabras que aparecen en la actividad relacionadas con el tema.

Para los alumnos más aventajados, propóngales un mapa mental con todo el vocabulario propuesto en el ejercicio y buscando nuevas palabras en el diccionario.

Solución
1. b
2. a
3. b
4. b (por el cuaderno)

2 Expresión oral

Actividad preparatoria
Pregunte a sus alumnos si tienen un móvil, quién paga la factura de las llamadas y si tienen algún tipo de control de sus padres a la hora de usarlo.

Desarrollo de la actividad
Agrupe a sus alumnos en parejas o pequeños grupos y pídales que conversen sobre los temas propuestos en la actividad. Deberán ir tomando notas en sus cuadernos de algunas opiniones con el nombre del compañero/a que lo comentó. Las retomarán más tarde para practicar el estilo directo e indirecto.

3 Presentación de estructuras para hablar por teléfono

Actividad preparatoria
Para contextualizar y dar autenticidad a la actividad, diga a sus alumnos que en parejas lean en voz alta las tres conversaciones, actuando como si hablaran por teléfono.

Desarrollo de la actividad
Explique a sus alumnos que deberán volver a leer las conversaciones y encontrar las expresiones y estructuras para hablar por teléfono. Dígales que, una vez encontradas, las escriban en sus cuadernos.

ACTIVIDAD DE DIFERENCIACIÓN

Reparta entre sus alumnos pequeñas tarjetas de colores (tipo post-it) y dígales que escriban cada una de las estructuras en las tarjetas. Luego agrupe a sus alumnos según niveles de competencia lingüística y comunicativa.

Seleccione algunas de las tarjetas, péguelas en la pizarra y pida a sus alumnos que escenifiquen una conversación telefónica con los elementos de la pizarra. Los alumnos más aventajados podrían improvisarlas y los menos aventajados podrían escribirla y prepararla de antemano.

Solución
Dígame/Diga
¿En qué puedo ayudarle?
¿Está María?
¿Puedo/Podría hablar con ...
No puede ponerse.
Está ocupado/a
Sí, ¿de parte de quién?
Llamo un poco más tarde.
¿Quiere dejar(le) un mensaje?
Dígale que ...
Se lo diré de su parte.

4 🔊 Comprensión auditiva

Actividad preparatoria
Ponga la audición una vez completa y sin pausas para que sus alumnos se hagan una idea general de la situación y el contenido y pregúnteles:

¿Qué han escuchado?, ¿Quiénes hablan?, ¿De qué trata la conversación?

Desarrollo de la actividad
Explique a sus alumnos que van a realizar una actividad de comprensión auditiva y que deberán marcar las opciones correctas.

> **ACTIVIDAD DE DIFRENCIACIÓN**
>
> Pida a sus alumnos que escriban y/o escenifiquen otras conversaciones telefónicas con situaciones como:
> - Padre/madre hablando con su hijo/hija
> - Dos amigos que quieren quedar para hacer algo juntos
> - Persona llamando a un hotel para hacer una reserva
>
> Para ayudar y orientar a los alumnos menos creativos y/o menos avanzados podría facilitarles la transcripción de la audición a modo de guía y modelo.

> **Transcripción del audio:** Pista 28
>
> Voz 1: ¿Dígame?
> Voz 2: Buenos días. Soy el Sr. Martín y me gustaría hablar con Claudia.
> Voz 1: Buenos días Sr. Martín. Soy la madre de Claudia. Lo siento pero no está en casa.
> Voz 2: ¿Y cuándo volverá?
> Voz 1: Ahora mismo está en el instituto y supongo que llegará sobre las 5, como casi siempre.
> Voz 2: Le llamo desde la agencia de au-pairs a la que Claudia llamó la semana pasada.
> Voz 1: Ah sí. Es verdad, me contó que quería trabajar este verano como au-pair en Francia.
> Voz 2: Correcto. Así es.
> Voz 1: ¿Quiere dejar algún mensaje?
> Voz 2: Bueno, es para comentarle a su hija que necesitamos un par de fotos para la familia francesa.
> Voz 1: Muy bien, yo se lo comento.
> Voz 2: De todas formas, le mandaré un correo electrónico para explicárselo.
> Voz 1: ¿Tiene Claudia su número de teléfono? Para que pueda llamarle.
> Voz 2: Sí, pero no se preocupe.
> Voz 1: De acuerdo. Gracias.
> Voz 2: De nada. Adiós.

Solución
1 b **2** b **3** c **4** b **5** b **6** a

5 Gramática

Actividad de preparación
Para ayudar y falicilitar la realización de este ejercicio, haga un breve repaso de los tiempos verbales en español.

📖 Desarrollo de la actividad
Remita previamente a sus alumnos al cuadro de gramática sobre el estilo directo e indirecto. Lea con sus alumnos las explicaciones y ejemplos y explíqueles lo que no entiendan.

Pida a sus alumnos que, individualmente o en parejas, hagan la actividad.

> **ACTIVIDAD DE DIFERENCIACIÓN**
>
> Pida a sus alumnos que retomen las opiniones de sus compañeros que escribieron en sus cuadernos durante la actividad 2 y dígales que practiquen el estilo indirecto según la estructura:
>
> **Clara, Martín, etc., dijo que ...**
> Para los alumnos menos aventajados, sería de gran ayuda que les facilitara algún tipo de material con los nombres de los tiempos y algún que otro ejemplo.

Unidad 4

Solución

Estilo directo (ED)	Estilo indirecto (EI)
(tengo) Presente	(tenía) Imperfecto
(tenía) Imperfecto	(tenía) Imperfecto
(he comprado) Pretérito Perfecto	(había comprado) Pretérito Pluscuamperfecto
(compré) Pretérito Indefinido	(compró) Pretérito Indefinido
(voy a comprar) Futuro inmediato	(iba a comprar) Futuro inmediato en Imperfecto
(compraré) Futuro Imperfecto	(compraría) Condicional Simple

6 Expresión escrita

Actividad preparatoria
Pida a sus alumnos que lean la nota de Luisa que aparece como ejemplo. Luego, dígales que marquen todos los verbos y reconozcan los tiempos verbales.

Desarrollo de la actividad
Pida a sus alumnos que lean atentamente las notas que aparecen en el libro y marquen todos los verbos, artículos, determinantes y pronombres.

Comente a sus alumnos la importancia de cambiar la perspectiva de la persona que habla y/o recibe la información.

ACTIVIDAD DE DIFERENCIACIÓN

En parejas y de forma oral, diga a sus alumnos que uno diga algo y el otro lo transforme a estilo indirecto. Luego, dígales que lo hagan al contrario, transformando las informaciones del estilo indirecto al estilo directo.

Los alumnos menos aventajados y/o menos seguros con la conjugación podrían hacer el ejercicio por escrito.

Solución
Carmen: "Necesito el ordenador de ... / su ordenador porque el mío no funciona. Iré el martes a recogerlo."

Sra. Ramiro: "... ha reservado por internet una chaqueta de cuero y ya puede ir a recogerla."

María: "Estoy de acuerdo en regalarle a papá una corbata. Yo se la voy a comprar porque mi amiga Rosa trabaja en una tienda de moda para hombres."

7 Expresión oral

Actividad preparatoria
En clase abierta, revise con sus alumnos las expresiones y estructuras para mantener una conversación telefónica desarrolladas durante toda esta unidad.

Desarrollo de la actividad
Agrupe a sus alumnos en parejas y dígales que preparen por escrito las conversaciones telefónicas con las situaciones y elementos dados.

ACTIVIDAD DE DIFERENCIACIÓN

Para dar autenticidad al ejercicio y a las llamadas telefónicas, proponga a sus alumnos que aprendan de memoria las conversaciones y las escenifiquen, sentados espalda con espalda. Los alumnos menos aventajados y/o menos creativos pueden leer las conversaciones de sus cuadernos.

Haga especial hincapié en la importancia de la entonación y la expresividad a la hora de expresarse oralmente. En caso de que escuche errores graves de pronunciación, corríjalos y hágales repetir.

8 Comprensión lectora

Actividad preparatoria
Juegue con sus alumnos al ahorcado con la palabra "carta" y pídales que le vayan diciendo letras.

Desarrollo de la actividad
Diga a sus alumnos que numeren (1–6) las partes de la carta y la recompongan.

ACTIVIDAD DE DIFERENCIACIÓN

Pida a sus alumnos más aventajados que individualmente o en parejas, escriban en sus cuadernos palabras y actividades en relación a la palabra carta.

Ejemplos: sobre, sello, destinatario, remitente, buzón, Correos, mandar, recibir, escribir, redactar, dictar.

Solución:
2, 6, 3, 1, 4, 5

9 Comprensión lectora y expresión escrita

Actividad preparatoria
Pida a sus alumnos que copien en sus cuadernos la carta ya recompuesta.

Desarrollo de la actividad
Pida a sus alumnos que lean atentamente la carta y respondan a las preguntas.

> **ACTIVIDAD DE DIFERENCIACIÓN**
>
> Diga a sus alumnos con más nivel que escriban algunas preguntas más para que uno de sus compañeros las responda según las informaciones de la carta.

Solución
1. Una carta formal
2. Raúl Luna García
3. A la señora Trueba
4. En la calle Montaña, número 71. En La Coruña.
5. Presentarse. Solicitar un trabajo.

10 Comprensión lectora

Actividad preparatoria
Remita a sus alumnos al cuadro sobre la estructura básica de las cartas formales.

Desarrollo de la actividad
Explique a sus alumnos que deberán reconocer y nombrar en la carta de la actividad anterior las diferentes partes de la estructura.

Para facilitar la tarea y la corrección, diga a sus alumnos que subrayen en diferentes colores los diferentes parágrafos con la estructura de la carta y/o que numeren las líneas del texto cada cinco líneas.

> **El estilo directo e indirecto**
>
> Lea con sus alumnos el cuadro sobre el estilo directo e indirecto. Haga especial hincapié en la tabla de correspondencias y cambios de lo tiempos verbales de estilo directo a estilo indirecto.
>
> Pida a sus alumnos que copien el cuadro en sus cuadernos y que practiquen los cambios con otros ejemplos.

Solución

> **Encabezado:**
>
> Raúl Luna García
> Avenida del Sol, 26
> 36310 Vigo
> raluga@mail.es
>
> Café Monka
> C/ Montaña, 71
> 15003 La Coruña
>
> Vigo, 14 de septiembre de 2016
>
> **Saludo:**
>
> Estimada Sra. Trueba:
>
> **Cuerpo:**
>
> Mi nombre es Raúl Luna García, tengo 18 años y acabo de terminar mis estudios de educación secundaria. Hablo inglés perfectamente porque mi madre es norteamericana y, además, he estudiado alemán y francés en el instituto.
>
> Aunque todavía no tengo mucha experiencia laboral, soy una persona muy trabajadora y responsable y el verano pasado trabajé algunas horas como ayudante de cocina en un restaurante de Vigo, propiedad de unos amigos de mis padres.
>
> Por todo lo expuesto anteriormente, les escribo esta carta para presentarme y mostrar mi interés para un posible puesto de trabajo a tiempo parcial durante las vacaciones de Navidad.
>
> **Despedida:**
>
> Atentamente
>   Raúl Luna
> Raúl Luna García

11 Comprensión lectora

Actividad preparatoria
Para practicar la entonación y la pronunciación, pida algunos voluntarios para que lean la carta en voz alta.

Desarrollo de la actividad
Diga a sus alumnos que lean detenidamente la carta y contesten a las preguntas del libro.

Unidad 4

> **ACTIVIDAD DE DIFERENCIACIÓN**
>
> Pida a sus alumnos más aventajados que escriban una carta a María Luisa como si trabajaran en la agencia de viajes Kayac.

Solución
1. Viajes Kayac
2. María Luisa Rico
3. Cantar en un coro
4. Habla inglés y francés. Es una persona muy sociable y comunicativa.
5. Con personas que no saben leer y escribir.
6. Verano

12 Expresión escrita

Actividad preparatoria
Pida a sus alumnos que miren la foto y la describan. Pregúnteles por el tipo de trabajo y por los requisitos que se necesitarían.

Desarrollo de la actividad
Diga a sus alumnos que escriban una carta para solicitar el puesto de animador(a) y diga a sus alumnos que se concentren en la estructura y el contenido que se pide en la actividad, sin olvidar ningún aspecto de los que se les proponen.

> **ACTIVIDAD DE DIFERENCIACIÓN:**
>
> Si lo considera oportuno, puede reducir el número de palabras del texto para los alumnos menos aventajados.

4.5 Entrevistas de trabajo

Objetivos

Vocabulario:
- El currículo (CV)
- Vocabulario básico en las entrevistas de trabajo
- Reglas y recomendaciones para una entrevista

Gramática
- El presente de subjuntivo

Competencias comunicativas:
- Redactar un currículo y una carta de presentación
- Realizar una entrevista de trabajo
- Hacer recomendaciones y dar consejos

1 Presentación y vocabulario

Actividad preparatoria
Pregunte a sus alumnos por el significado del nombre de la unidad y si alguna vez han tenido que hacer alguna entrevista de trabajo.

Desarrollo de la actividad
Diga a sus alumnos que miren la foto y la describan por escrito. Luego, deberán responder a las preguntas. Explíqueles que las respuestas son abiertas y existen varias posibilidades.

> **ACTIVIDAD DE DIFERENCIACIÓN**
>
> Para los alumnos más aventajados podría plantear una actividad de escritura en la que redacten qué competencias creen que tiene la chica de la foto, qué tipo de trabajo está solicitando y qué documentos serían importantes para esta entrevista.

Posibles soluciones
¿Quiénes son las personas que aparecen?
Una chica joven y un hombre
Una alumna y su profesor
Una candidata para un trabajo y el entrevistador/el director

¿Dónde crees que están?
En un colegio/instituto
En una oficina/empresa

¿De qué están hablando?
De los exámenes/las clases
De un trabajo/un puesto de trabajo

¿Qué crees que están haciendo?
Están hablando sobre los exámenes/las clases
Una entrevista de trabajo

2 Comprensión lectora

Actividad preparatoria
Pregunte a sus alumnos si saben qué tipo de documento es y para qué sirve.

Desarrollo de la actividad
Pida a sus alumnos que completen el documento con el nombre de las partes de un currículum que aparecen en el cuadro.

Solución
1. Datos personales
2. Formación académica
3. Capacidades y habilidades
4. Experiencia profesional
5. Idiomas
6. Aficiones

Si lo desea, imprima y fotocopie de internet algunos currículos más para que sus alumnos vean y comparen otros modelos.

> **ACTIVIDAD DE DIFERENCIACIÓN**
>
> Imprima y fotocopie de internet algunos ejemplos más de modelos de currículos más para que sus alumnos los vean y los comparen.
>
> Pídales que escriban un pequeño texto comentando qué modelo de currículo les gusta más y por qué.

3 Comprensión lectora y expresión oral

Actividad preparatoria
Para tener una idea exacta y "visual" de quién es quién, cómo es y qué puede hacer, pida a sus alumnos que hagan un ideograma o un mapa mental con la información más importante de cada uno de los jóvenes.

Desarrollo de la actividad
Distribuya a sus alumnos en grupos y explíqueles que la tarea será buscar profesiones en las que, según las descripciones y características de los jóvenes, podrían trabajar.

Unidad 4

ACTIVIDAD DE DIFERENCIACIÓN

Distribuya a la clase en parejas según sus niveles de competencia lingüística y comunicativa para que escriban la descripción de algún/a compañero/a de la clase y discutan qué profesión sería la ideal para él/ella.

ACTIVIDAD DE DIFERENCIACIÓN

Reparta la transcripción del audio a sus alumnos y diga a sus alumnos menos aventajados que escriban en sus cuadernos una lista con las preguntas que aparecen en el diálogo. A sus alumnos más aventajados dígales que transformen el diálogo de tú a usted.

Solución

Sofía: doctora, veterinaria, asistenta social, bióloga …

Luciano: político, profesor, recepcionista, periodista …

Pedro: secretario, cómico, profesor, controlador aéreo, piloto de avión …

4 Expresión escrita

Actividad preparatoria

A fin de orientar a los alumnos, pregúnteles qué tipo de informaciones deberían aparecer en una carta de presentación. Revise con toda la clase la estructura de una carta formal.

Desarrollo de la actividad

Pida a sus alumnos que escriban sus currículos y una breve carta de presentación. Si sus alumnos no han trabajado, déjelos que inventen un poco la información del currículo.

Recuérdeles que ambos documentos les servirán para varias actividades más de esta unidad.

ACTIVIDAD DE DIFERENCIACIÓN

Pida a sus alumnos más aventajados que escriban el currículum vitae de una persona de su familia. Para ello deberán preguntarle y recabar información sobre esa persona.

5 Comprensión oral

Actividad preparatoria

Diga a sus alumnos que lean la ficha que deberán completar y pídales que escriban en sus cuadernos las preguntas que creen que escucharán en la audición. Haga una puesta en común con toda la clase.

Desarrollo de la actividad

Explique a sus alumnos que escucharán una entrevista de trabajo. Pídales que la escuchen atentamente y completen la ficha con todos los datos del candidato.

Transcripción del audio: Pista 29

Voz 1: Hola Buenos días. Siéntate por favor.

Voz 2: Buenos días. Gracias.

Voz 1: ¿Cuál es tu nombre?

Voz 2: Me llamo Carlos Martínez León

Voz 1: ¿Qué edad tienes?

Voz 2: Tengo 17 años.

Voz 1: ¿Dónde vives?

Voz 2: Vivo en Santa Cruz de Tenerife.

Voz 1: ¿En qué calle?

Voz 2: En la calle Volcán, número 54.

Voz 1: Muy bien. ¿Y qué estudias?

Voz 2: Estudio tercero de ESO en el Instituto Manuel de Falla.

Voz 1: ¿Y qué asignatura te gusta más?

Voz 2: No sé, las Matemáticas no se me dan mal…

Voz 1: ¿Tienes experiencia laboral?

Voz 2: El verano pasado trabajé como ayudante de cocina durante dos meses en el restaurante que mis tíos tienen en Santa Cruz y en 2014 estudié seis meses en Londres, donde hice unas prácticas como recepcionista en un hotel.

Voz 1: ¿Y cuáles son tus puntos fuertes y habilidades?

Voz 2: Bueno, creo que aprendo rápido, soy muy responsable y soy comunicativo.

Voz 1: Eso está muy bien. Es importante. Por cierto, ¿Qué idiomas hablas?

Voz 2: Hablo francés muy bien porque mi madre es francesa. El inglés lo estudio en el instituto y bueno, saco muy buenas notas. Y español, claro.

Cambridge IGCSE Spanish as a Foreign Language

Voz 1:	Perfecto. Bueno, entonces te llamaremos a este número de teléfono, 922 3446. ¿Es correcto?
Voz 2:	Correcto.
Voz 1:	¿Tienes una dirección de correo electrónico?
Voz 2:	Sí. carmale@gmail.es
Voz 1:	¿Puedes deletrearla por favor?
Voz 2:	Sí claro. C, A, R, M, A, L, E arroba G, M, A, I, L, punto, C, O, M
Voz 1:	Gracias. Pues hemos terminado la entrevista. Ya te avisaremos si tenemos alguna oferta de trabajo o algunas prácticas para ti. Muchas gracias. Adiós.
Voz 2:	Adiós. Gracias a usted.

Solución

Nombre: Carlos

Apellidos: Martínez León

Edad: 17 años

Dirección: calle Volcán, número 54

Experiencia profesional: ayudante de cocina (dos meses) en el restaurante de sus tíos y prácticas como recepcionista en un hotel (2014, Londres)

Lenguas/Idiomas: francés, inglés y español

Teléfono de contacto: 922 3446

Correo electrónico: carmale@gmail.es

6 📖 Comprensión lectora

Actividad preparatoria
Presente brevemente la construcción del presente de subjuntivo con la ayuda del cuadro sobre el presente de subjuntivo.

Desarrollo de la actividad
Diga a sus alumnos que lean el texto con la ayuda del diccionario y decidan si las informaciones son verdaderas o falsas. En el caso de que sean falsas, deberán buscar la solución correcta.

ACTIVIDAD DE DIFERENCIACIÓN

Proponga a sus alumnos menos aventajados que, en grupos, elaboren un póster didáctico sobre el presente de subjuntivo. Dígales que observen los grupos, las formas, los verbos irregulares y lo plasmen todo de forma visual y creativa.

Solución
1. F. Es importante que los padres revisen el currículo.
2. V.
3. F. Es recomendable que el/la candidato/a se vista de manera adecuada/correcta.
4. F. Moverse mucho refleja nerviosismo.
5. V.
6. F. Los padres deberían preparar un par de preguntas.

7 📝 Expresión escrita

Actividad preparatoria
Haga una lluvia de ideas con sus alumnos para seleccionar estructuras del tipo "es + adjetivo + que" que podrían usar en sus textos y en el póster de la actividad 8.

💻 Desarrollo de la actividad
Comente a sus alumnos que deberán escribir un texto con su opinión sobre el texto anterior y recuérdeles que deberán usar el presente de subjuntivo.

8 👥💬 Actividad colaborativa

Actividad preparatoria
Forme grupos de tres alumnos y asigne a cada alumno una función. Uno de ellos será el que organice la discusión y los turnos de palabra, otro será el que vaya tomando notas de lo que se diga y otro será el encargado de organizar la estructura del póster. El texto del póster tendrán que escribirlo entre todos.

Desarrollo de la actividad
Los alumnos, organizados en grupos, deberán realizar un póster sobre las 10 reglas de oro para hacer una entrevista de trabajo.

ACTIVIDAD DE DIFERENCIACIÓN

Pida a sus alumnos menos aventajados que presenten oralmente sus trabajos.

Los alumnos con más competencia lingüística y comunicativa podrían escenificar y elaborar un video de presentación con las 10 reglas.

9 Expresión oral y escrita

Actividad preparatoria

Explique a sus alumnos que como proyecto final, deberán representar en parejas, una entrevista de trabajo en los que unos harán de entrevistadores y los otros serán candidatos.

Desarrollo de la actividad

Pida a sus alumnos que escriban en sus cuadernos todas las perguntas y respuestas que tendrán lugar durante la entrevista y la preparen según el papel que les haya tocado.

Como ayuda, dígales que usen los diferentes documentos (presentaciones, cartas, currículos, etc.) que han ido escribiendo durante toda la unidad. Igualmente, puede proporcionarles como orientación la transcripción del audio de la actividad 5.

El presente de subjuntivo

Presentación de la conjugación regular del presente de subjuntivo y algunos verbos irregulares más usuales. Aparte de la conjugación, el cuadro muestra los usos más habituales del presente de subjuntivo.

Diga a sus alumnos observen las terminaciones de todas las personas y saquen algunas conclusiones sobre la formación de este tiempo.

4.6 El dinero y el trabajo

Objetivos

Vocabulario:
- Las monedas del mundo
- Los anuncios y ofertas de trabajo
- La riqueza y la pobreza en el mundo

Gramática:
- Repaso del pasado

Competencias comunicativas:
- Solicitar un trabajo adecuado a nuestras necesidades
- Conocer algunos datos sobre la riqueza y la pobreza en el mundo y poder hablar sobre ella

---

Esta subunidad cubre las secciones "El empleo" D3, "La comunicación" D4 y "El lenguaje en el trabajo" D5 del área temática D "El mundo del trabajo" y la sección "Cuestiones relacionadas con los medios disponibles y los intereses particulares" E7 del área temática E "El mundo internacional".

1 Vocabulario

Actividad preparatoria
Introduzca el tema jugando con sus alumnos al juego del "ahorcado" con la palabra d i n e r o y pida a sus alumnos que vayan diciéndole letras.

Desarrollo de la actividad
Pida a sus alumnos que realicen la actividad, relacionando el nombre de la moneda con el de los países respectivos.

Solución
1 h **2** e **3** a **4** b **5** i **6** j **7** f **8** g **9** c **10** d

2 Expresión escrita

Actividad preparatoria
Pida a sus alumnos que con la ayuda del diccionario escriban en sus cuadernos una lista con verbos relacionados con el dinero: comprar, pagar, prestar, devolver, gastar, malgastar, ganar, robar, etc.

También puede pedirles que escriban las diferentes formas de pago en español: en metálico, con tarjeta (de crédito), con un cheque, por internet, etc.

Desarrollo de la actividad
Comente a sus alumnos de deberán contestar por escrito en sus cuadernos a las preguntas del cuestionario.

ACTIVIDAD DE DIFERENCIACIÓN

Pida a sus alumnos más aventajados que contextualicen los verbos aprendidos en la actividad preparatoria y escriban algunos ejemplos con ellos.

3 Comprensión lectora

Actividad preparatoria
Con el libro cerrado, escriba en la pizarra el título del texto y pida a sus alumnos que traten de "predecir" algunos temas e ideas que el texto podría desarrollar.

A continuación, diga a sus alumnos que hagan una lectura rápida del texto para comprobar sus predicciones.

Desarrollo de la actividad
Pida a sus alumnos que lean el texto y contesten en sus cuadernos a las preguntas sobre el texto. Anímelos a que usen el diccionario si lo necesitan.

Solución
1. Un informe sobre la pobreza, elaborado por el Banco Mundial y el FMI.
2. Las personas que subsisten/viven con menos de 1,90 dólares al día.
3. El 9,6 %.
4. El lento crecimiento de la economía mundial y los conflictos políticos, económicos y bélicos.
5. En África/el continente africano.

4 Expresión oral

Actividad preparatoria
Pregunte a sus alumnos si conocen el contrario (riqueza) de pobreza.

Desarrollo de la actividad
Diga a sus alumnos que se agrupen en parejas para discutir y llegar a un acuerdo, en forma de lista escrita, con los cinco países más ricos del mundo.

ACTIVIDAD DE DIFERENCIACIÓN

A los alumnos más aventajados y/o los más interesados en el tema, propóngales una actividad de investigación. Pídales que visiten las webs oficiales de organizaciones internacionales como Oxfam, Unicef, Amnistía Internacional, etc., y que elaboren una breve presentación en el ordenador de alguna de las organizaciones y organismos que luchan contra la pobreza.

5 🔊 Comprensión auditiva

Actividad preparatoria

Pregunte a sus alumnos por la diferencia entre trabajo y "trabajillo", una actividad no muy profesional para ganar un poco de dinero extra. Una vez explicada la diferencia, pregunte a sus alumnos si realizan o han realizado algún tipo de trabajillo.

Desarrollo de la actividad

Explique a sus alumnos que van a escuchar a diferentes jóvenes hablando sobre sus métodos para ganar un poco de dinero para sus gastos. La tarea consistirá en completar el cuadro.

Transcripción del audio: Pista 30

Voz 1: Yo gano los fines de semana un poco de dinero haciendo algunos "trabajillos" en casa, como lavar el coche de mis padres y vecinos, cortar el césped del jardín y cosas así. No es mucho dinero pero puedo sacarme unos 15 euros al mes.

Voz 2: Yo no gano dinero. Si necesito dinero para ir al cine, comprar un libro, o algo así, se lo pido a mis padres. Algunas veces me dan más y otras menos. Depende de lo que necesite.

Voz 3: Yo, como saco buenas notas en Matemáticas, doy clases particulares y gano algún dinero ayudando a los niños de mi barrio con las Mates. Claro, no puedo pedir mucho dinero por una clase, pero, durante la semana, si tengo muchos alumnos, gano entre 30 y 40 euros.

Voz 4: A mí mis padres me dan una paga mensual y yo tengo que administrarla durante todo el mes. Mi paga es de 125 euros.

Voz 5: Yo también recibo una paga, pero es mucho menos. Es solo 75 euros la verdad, con ese dinero no puedo comprar muchas cosas.

Solución

¿Cómo gana el dinero?	¿Cuánto?
1. Hace "trabajillos" en casa	15 euros al mes
2. Sus padres se lo dan / Se lo pide a sus padres	Depende de lo que necesita
3. Da clases particulares de Matemáticas	30–40 euros a la semana
4. Paga mensual	125 euros
5. Paga mensual	75 euros

6 📝 Expresión oral y escrita

Actividad de preparación

Recomiende a sus alumnos que antes de redactar el texto definitivo y la estructura de las presentaciones, hagan un guión, esquema o un plan previo con las ideas más importantes a desarrollar: los nombres de los países ricos y pobres, razones de la pobreza, actitud de los países ricos, posibles soluciones, opinión personal, etc.

Desarrollo de la actividad

Diga a sus alumnos que preparen la presentación oral. Si lo desean, dígales que la practiquen en parejas.

7 Comprensión lectora

Actividad preparatoria
Diga a sus alumnos que miren los textos de la actividad y pregúnteles por el tipo de documento que es (anuncio/ofertas de empleo) y para qué sirve.

Desarrollo de la actividad
Haga una puesta en común con toda la clase para aclarar el significado de todos los campos que deben completar. A continuación, diga a sus alumnos que lean los anuncios y completen las fichas.

> **ACTIVIDAD DE DIFERENCIACIÓN**
>
> Diga a sus alumnos más aventajados que, siguiendo los modelos del libro, escriban un anuncio de trabajo para el puesto que deseen. Podrán usarlos en algunas de las siguientes actividades.

Solución

A

Anunciante: tienda de modas Princesa

Trabajo/Empleo/Puesto: dependiente

Tipo de persona: ...

Requisitos: experiencia y conocimientos de inglés.

Honorario: 12 euros por hora

Teléfono/Dirección de contacto: C/ Luis del Olmo, 25. Barcelona

Persona de contacto: Jefe de Personal

B

Anunciante: Empresa del sector publicitario

Trabajo/Empleo/Puesto: Encuestador/a

Tipo de persona: Jóvenes de 16–20 años con tiempo libre por las tardes o fines de semana

Requisitos: buen comunicador/a, que hable español, inglés y/o francés

Honorario: 5 euros

Teléfono/Dirección de contacto: 923 56678/ info@encuestas.com

Persona de contacto: Sr. Puerta

C

Anunciante: Productora de televisión

Trabajo/Empleo/Puesto: Actores

Tipo de persona: jóvenes

Requisitos: 15–22 años, fotogénico/a, dotes interpretativas, divertido, con/sin experiencia

Honorario: ...

Teléfono/Dirección de contacto: ProductoraTV@casting.es

Persona de contacto: ...

8 Comprensión auditiva

Actividad preparatoria
Pregunte a sus alumnos en qué aspectos (edad, estudios, experiencia, requisitos, nombres, etc.) tendrán que poner mayor atención, dependiendo de cada artículo, a la hora de decidirse por un anuncio u otro.

Desarrollo de la actividad
Explique a sus alumnos que esta actividad tiene dos tareas: seleccionar las palabras claves más importantes de la audición y decidir sobre qué anuncio se trata.

Ponga la audición y haga algunas pausas para que los alumnos puedan escribir.

> **ACTIVIDAD DE DIFERENCIACIÓN**
>
> Entregue a sus alumnos la transcripción del diálogo para que los alumnos menos aventajados lo transformen y lo vuelvan a escribir en un tono más informal y coloquial.
>
> Los alumnos más aventajados podrían reescribirlo, sustituyendo algunas informaciones del diálogo con datos reales de ellos mismos.

Transcripción del audio: Pista 31

Voz 1: ¿Dígame?

Voz 2: Buenos días. Mi nombre es Lara García y me gustaría hablar con el Señor Puerta.

Voz 1: Sí, soy yo. ¿En qué puedo ayudarle?

Voz 2: Le llamo porque he leído el anuncio en el periódico y estoy interesada en el trabajo.

Unidad 4

Voz 1:	¿Y cumple usted todos los requisitos?
Voz 2:	Sí. Tengo 17 anos, soy bastante comunicativa, puedo trabajar algunas horas después del instituto y hablo muy bien español, claro, e inglés.
Voz 1:	Muy bien. Entonces, ¿cuándo podría empezar a trabajar?
Voz 2:	¿Este fin de semana?
Voz 1:	Ningún problema. ¿Y está de acuerdo con el salario?
Voz 2:	Sí, 5 euros por encuesta me parece bien.
Voz 1:	Entonces, hasta el sábado. Las oficinas están en la calle Mercurio 29.
Voz 2:	Muy bien. Hasta el sábado. Gracias.

Solución
Encuestador/a

Palabras/informaciones claves:

Sr. Puerta

17 años

español e inglés

Encuesta

Trabajar después del instituto

5 euros

...

9 Comprensión lectora

Actividad preparatoria
Comente a sus alumnos que todas las informaciones que aprecen en los diferentes textos de la actividad pertenecen a la misma persona. Pídales que los lean y le pongan a cada texto un título que resuma el contenido.

Desarrollo de la actividad
Sitúe a sus alumnos en el contexto de una entrevista de trabajo y dígales que relacionen los textos con las preguntas propuestas en la actividad, hechas por un hipotético entrevistador.

ACTIVIDAD DE DIFERENCIACIÓN

Pida a sus alumnos menos aventajados que, individualmente, contesten por escrito a las seis preguntas con sus propias informaciones.

Solución
1 d **2** c **3** a **4** b **5** e **6** f

10 Actividad colaborativa

Actividad preparatoria
Explique a sus alumnos que, como actividad final y repaso de toda la unidad, van a preparar y representar con un compañero una entrevista de trabajo siguiendo todos los pasos que propone la actividad. Haga una puesta en común con toda la clase para recordar entre todos los aspectos más importantes a tener en cuenta.

Desarrollo de la actividad
Dígales que preparen todos los documentos requeridos y vean la actividad como una práctica real y anímelos a que actúen como tal. Dígales que graben la entrevista para analizarla más adelante.

Respuesta modelo
Estimados Señores de Productora TV:

Mi nombre es Carlos Leal Gómez, tengo 16 años y estudio en un instituto bilingüe de Sevilla.

He leído su anuncio sobre el cásting para la serie de televisión y me gustaría presentarme para el cásting. Hablo inglés perfectamente y el teatro es una de mis aficiones. Pertenezco al club de teatro del instituto y me encanta el teatro. Soy una persona muy comunicativa, abierta y creo que no voy a tener ningún problema con las cámaras.

Mi dirección de coreo electrónico es carlos16@gemail.es y mi teléfono es 651 234523.

Muchas gracias y espero su respuesta.

Atentamente

Carlos Leal Gómez

Actividades de repaso

1
A F B V C F D V E V F F

2
Al ser intervenciones "abiertas", tenga en cuenta, además de la exactitud gramatical, la fluidez y la variedad de vocabulario, las diferentes posibilidades en las intervenciones y en las respuestas de los alumnos. Se aceptarán intervenciones no del todo exactas desde el punto de vista gramatical que no impidan y/o dificulten la conversación y se valorará la capacidad y la destreza comunicativa de los alumnos.

Unidad 5: El mundo que nos rodea

5.1 El estado del planeta

Objetivos

Vocabulario:
- Medio ambiente
- Problemas medioambientales

Gramática:
- Adjetivos indefinidos
- Oraciones exclamativas

Competencias comunicativas:
- Expresar opiniones sobre el medio ambiente
- Reaccionar a las opiniones de los demás

1 Expresión oral

Actividad preparatoria

A algunos alumnos esta nueva unidad les podrá parecer un poco abrumadora por ser más difícil que otros temas que han estudiado. Es importante que les haga ver que, aunque el tema es un poco más avanzado, se van a encontrar con una gran cantidad de cognados y palabras que podrán entender fácilmente. Puede hacer con ellos una actividad en la que tengan que adivinar el significado de palabras que van a aparecer en la unidad que sean parecidas a su lengua materna.

Desarrollo de la actividad

En esta actividad los alumnos van a trabajar en parejas ordenando una serie de problemas medioambientales según la medida en la que afectan a la región donde viven. Pida a sus alumnos que utilicen el vocabulario del recuadro, tanto para dar opiniones como para reaccionar, practicando aquellas expresiones que no hayan visto antes.

ACTIVIDAD DE DIFERENCIACIÓN

Anime a sus alumnos más aventajados a pensar en cuáles pueden ser las causas de algunos de los problemas medioambientales más importantes que acaban de ver. Esto lo pueden hacer de forma oral o escrita. Los alumnos menos aventajados pueden realizar un póster o mapa conceptual con el vocabulario nuevo.

2 Expresión escrita

Actividad preparatoria

De forma oral o escrita los alumnos pueden intentar definir algunos de los problemas medioambientales más fáciles como contaminación. En vez de utilizar palabras los alumnos pueden trabajar en parejas o en grupo haciendo gestos para que los demás adivinen de qué problema se trata.

Desarrollo de la actividad

En esta acitividad los alumnos tendrán que decidir si las definiciones propuestas son correctas o incorrectas. Para las incorrectas deberían escribir el problema que corresponde.

ACTIVIDAD DE DIFERENCIACIÓN

Una vez acabado el ejercicio los alumnos más aventajados pueden intentar definir los problemas medioambientales utilizando sus propias palabras, tanto de forma escrita como oral.

Pida a sus alumnos que encuentren este ejercicio más difícil que piensen en palabras claves para cada problema medioambiental en vez de deficiones:

Ejemplo: desertización – desierto, calor, seco...

Solución

a deforestación
b desertización
c contaminación
d C
e contaminación acústica
f especie en peligro de extinción
g incendio
h C

3 Expresión escrita

Actividad preparatoria

Antes de empezar el ejercico asegúrese de que sus alumnos prestan atención a aquellas palabras que se parecen a su lengua materna.

Desarrollo de la actividad
En esta actividad los alumnos deberán emparejar en sus cuadernos los problemas medioambientales con sus posibles causas.

> **ACTIVIDAD DE DIFERENCIACIÓN**
>
> Anime a sus alumnos más aventajados a que piensen y escriban otras causas diferentes a las propuestas en el ejercicio o a que den ejemplos de las que se proponen.

Solución
1 e **2** f **3** d **4** h **5** b **6** c **7** i **8** a **9** j **10** g

4 🔊 Comprensión auditiva
Actividad preparatoria
Hable con sus alumnos de cuáles creen que van a ser las opiniones de los jóvenes que van a escuchar. Antes de empezar el ejercicio asegúrese de que sus alumnos entienden el vocabulario de las preguntas y del recuadro.

Desarrollo de la actividad
Pida a sus alumnos que lean bien las preguntas y que contesten de forma precisa pero breve con la información clave para que así tengan tiempo de contestar todas las preguntas.

Transcripción del audio: Pista 32

Susana: Creo que la situación del planeta es un desastre. Cada vez hay más problemas y creo que si seguimos así el mundo va a desaparecer. El principal problema es que cada vez hay más gente y menos recursos.

Jaime: En mi opinión el principal problema que tenemos hoy en día es el malgasto de energía. La gente no es consciente del efecto que tienen en el planeta las malas costumbres cotidianas, como utilizar demasiado el coche o malgastar electricidad en casa. Todos podemos hacer pequeñas cosas para ayudar al planeta. Las escuelas deberían concienciar a los niños sobre este problema para que aprendan desde pequeños.

Eva: Yo no creo que el calentamiento global sea un gran problema como mucha gente dice. Efectivamente las temperaturas están subiendo pero eso es algo natural y no deberíamos preocuparnos. Lo que hacemos en nuestras casas tiene un impacto muy pequeño en el clima, así que pienso que no deberíamos alarmarnos y deberíamos aceptar los cambios naturales del clima.

Arturo: A mí me preocupan especialmente los desastres naturales, que cada vez son más comunes. Inundaciones, tsunamis, huracanes... La lista es enorme. Los científicos y los gobiernos deberían hacer más para estudiar bien estos problemas y buscar soluciones. Efectivamente todos tenemos que cuidar el planeta a nivel personal pero es esencial que las autoridades tengan iniciativas.

Virginia: Los problemas medioambientales están afectando sobre todo al mundo animal. Cada año muchas especies de animales se extinguen porque se destruyen sus hábitats naturales y porque las aguas están contaminadas a causa de los vertidos incontrolados. Tenemos que tener cuidado porque si no la próxima especie en desaparecer vamos a ser nosotros, los humanos. Todos tenemos que preocuparnos por el futuro del planeta. Es la herencia para nuestros hijos.

Solución
1
  a Es una visión negativa – un desastre
  b Cada vez hay más gente

2
  a El malgasto de energía
  b El efecto que tienen en el planeta ciertas malas costumbres
  c Tienen un impacto enorme
  d Las escuelas deberían concienciar a los niños

3
  a El calentamiento global es un gran problema
  b Es natural y no deberíamos preocuparnos
  c Tiene un impacto muy pequeño

Unidad 5

4   a   Los desastres naturales – cada vez más comunes
    b   Los científicos y los gobiernos
    c   Cuidar el planeta

5   a   El mundo animal – los animales
    b   Se destruyen los hábitats naturales y las aguas están contaminadas

5a and b Comprensión lectora

Actividad preparatoria
Antes de leer el texto detenidamente pida a sus alumnos que busquen cognados y que hagan una lista. Esto les ayudará con la comprensión.

Desarrollo de la actividad
En esta actividad los alumnos deberán deducir el significado de una serie de palabras del texto y luego unirlas con sus sinónimos. Explíqueles cómo el contexto les puede ayudar.

Solución
1 d   2 g   3 i   4 a   5 h   6 b   7 c   8 j   9 f   10 e

6 Trabajo colaborativo

Actividad preparatoria
Antes de empezar el ejercicio compile con sus alumnos el vocabulario específico que les puede hacer falta para el ejercicio.

Desarrollo de la actividad
En este ejercicio los alumnos pueden expresar sus opiniones y utilizar información que hayan aprendido en otras asignaturas. Anímeles a que se sirvan también de su conocimiento de temas de actualidad o noticias.

> **ACTIVIDAD DE DIFERENCIACIÓN**
>
> Los alumnos menos aventajados pueden hacer este ejercicio de forma escrita para tener más tiempo de pensar ya que los conceptos y el vocabulario son bastante avanzados.

7 Expresión escrita

Actividad preparatoria
Es importante que los alumnos conozcan el mayor número de adjetivos indefinidos y cómo utilizarlos. Asegúrese de que entienden dónde colocarlos en las frases, en qué casos deben concordar y qué matices de significado tienen.

Desarrollo de la actividad
En este ejercicio es importante que insista en la corrección gramatical y la utilización del adjetivo indefinido correcto para expresar el matiz de significado requerido.

> **ACTIVIDAD DE DIFERENCIACIÓN**
>
> Pida a sus alumnos más aventajados que transformen las frases convirtiéndolas en negativas. Para ello tendrán que realizar varios cambios en las oraciones que sin duda les presentarán retos interesantes.

Solución
<u>Algunas</u> personas piensan que el medio ambiente está en peligro pero <u>otras</u> no están de acuerdo. Hay <u>bastantes</u> estudios y <u>muchas</u> encuestas que indican que <u>mucha</u> gente tiene <u>poco</u> o <u>ningún</u> conocimiento de lo que en realidad sucede en el mundo. <u>Algún</u> día se darán cuenta que <u>ciertos</u> problemas <u>tales</u> como el efecto invernadero son causados por <u>todos</u> nosotros.

> **Adjetivos indefinidos**
>
> Es posible que sus alumnos ya conozcan algunos adjetivos indefinidos pero estudiarlos de forma sistemática les ayudará a utilizarlos con más corrección y expresar ideas más complejas.
>
> Si sus alumnos encuentran algunos de los temas de esta unidad un poco difíciles puede practicar estos adjetivos indefinidos con vocabulario de otros temas estudiados con anterioridad.

5.2 Recursos naturales

Objetivos

Vocabulario:
- Diferentes tipos de energía
- Huella de carbono

Gramática:
- Uso de muletillas

Competencias comunicativas:
- Hablar de forma más natural
- Debatir sobre tipos de energía
- Presentar formas de energía originales

1 Expresión oral

Actividad preparatoria
Antes de empezar el ejercicio pida a sus alumnos que busquen en internet información sobre distintos tipos de energía. Estos conocimientos les ayudarán a que la complejidad del tema sea menor.

Desarrollo de la actividad
Pida a sus alumnos que decidan si los tipos de energía del ejercicio son renovables o no. Anímeles a que usen sus conocimientos de otras asignaturas y el sentido común.

Solución

Renovables:	No renovables:
Energía hidráulica	Carbón
Energía eólica	Petróleo
Energía solar	Gas natural
Energía de la biomasa	Energía nuclear
Energía geotérmica	
Energía mareomotriz	

2 Comprensión lectora

Actividad preparatoria
Antes de leer el texto trabaje las imágenes con sus alumnos. Pregúnteles su opinión y qué adjetivos utilizarían para describir ambas formas de energía.

Desarrollo de la actividad
En esta actividad los alumnos tendrán que leer un texto con información sobre paneles solares y turbinas eólicas y hacer una lista de los puntos positivos y negativos de cada forma de energía. Las respuestas son abiertas, ya que algunos aspectos pueden ser positivos o negativos según la opinión de los alumnos.

> **ACTIVIDAD DE DIFERENCIACIÓN**
>
> Para hacer el texto más accesible trabaje el significado de las palabras clave antes de la lectura. Haga con sus alumnos una lista de cognados.

Solución

Placas solares
Ventajas – natural, renovable, respetuosa con el medio ambiente, más económica para pequeñas cantidades, se pueden instalar en cualquier tipo de tejado
Desventajas – no es barata, requieren limpieza regular

Turbinas
Ventajas – natural, renovable, respetuosa con el medio ambiente, puede producir suficiente energía para todos los electrodomésticos, requieren poco mantenimiento
Desventajas – no es barata, necesitan un jardín grande o un terreno

3a and b Comprensión auditiva

Actividad preparatoria
Asegúrese de que sus alumnos entienden el vocabulario del recuadro. Si piensa que el ejercicio va a ser demasiado difícil para ellos les puede dar una lista de las palabras clave de antemano.

Desarrollo de la actividad
En este ejercicio los alumnos van a escuchar una noticia sobe el consumo de electricidad y el efecto de estar expuesto a demasiada luz. También oirán a dos personas dando su opinión sobre la noticia. El ejercicio tiene dos partes, primero tendrán que rellenar los huecos con las palabras del recuadro basándose en lo que están oyendo y luego tendrán que contestar a algunas preguntas.

ACTIVIDAD DE DIFERENCIACIÓN

Pida a sus alumnos que den su opinión de forma escrita u oral sobre la noticia que acaban de oír. Haga énfasis en que utilicen oraciones complejas con conectores y en que empleen diferentes maneras de expresar opiniones.

Si cree que este ejercicio va a ser demasiado avanzado para sus estudiantes déles una copia de la transcripción para transformarlo en un ejercicio de comprensión lectora. También les puede dar la transcripción borrando la información que tienen que responder.

Transcripción del audio: Pista 33

Cada vez utilizamos más energía y en particular la electricidad se ha convertido en el motor del mundo. Cuando vemos una imagen nocturna de la tierra desde el espacio es increíble la cantidad de luces encendidas, que enseguida nos hace percibir la sobreexposición a la luz eléctrica que están teniendo las grandes ciudades. Desafortunadamente esta cantidad excesiva de electricidad está ocasionando graves consecuencias en la salud humana y la vida animal. En muchos países la demanda de electricidad crece en un 3% cada año y con ella aumentan los casos de dolores de cabeza crónicos, migrañas, estrés y alteraciones del sueño. Por otra parte muchos pájaros han cambiado sus rutas migratorias, además se ven atraídos por las luces de las ciudades y acaban perdidos y mueren.

Susana: ¿Qué te parece esta noticia Ismael? A mí la verdad es que me preocupa un poco. A menudo me duele la cabeza y puede ser que la luz eléctrica sea la causa. No tenía ni idea de que consumimos tanta electricidad. A lo mejor tenemos que hacer algo.

Ismael: Pues yo no estoy para nada de acuerdo. Es normal que cada vez consumamos más electricidad porque cada vez tenemos más aparatos eléctricos, pero eso es normal. Es parte del avance de la civilización. Lo de los pájaros puede ser verdad, pero lo de los dolores de cabeza me parece una tontería sin base científica. Yo no me preocuparía.

Solución

a
1. energía
2. electricidad
3. tierra
4. luces
5. eléctrica
6. cantidad
7. demanda
8. crece
9. dolores
10. sueño
11. luces
12. perdidos

b
1. está preocupada
2. le duele la cabeza a menudo
3. que consumimos tanta energía
4. no está de acuerdo
5. es parte del avance de la civilización
6. es una tontería sin base científica
7. que no se preocupe

4 Vocabulario y comprensión lectora

Actividad preparatoria

Pida a sus alumnos que realicen un pequeño trabajo de investigación buscando datos curiosos sobre la huella de carbono para luego exponerlos a la clase. Premie a los alumnos que hayan encontrado los datos más originales o los más relevantes al colegio.

Trabaje algunas expresiones coloquiales para expresar opiniones que los alumnos podrán utilizar en sus escritos.

Desarrollo de la actividad

En este ejercicio los alumnos leerán una entrada de blog sobre la huella de carbono y tendrán que escribir comentarios reaccionando al texto. Anímeles a que utilicen sus opiniones personales y que sean creativos. Los alumnos deberán emplear vocabulario informal o familiar.

5 Expresión oral

Actividad preparatoria

Pida a sus alumnos que investiguen sobre distintos tipos de energía para tener información sobre el tema.

Desarrollo de la actividad

En esta actividad los alumnos trabajarán en parejas hablando de distintos tipos de energía basándose en las preguntas propuestas. Deberán utilizar las expresiones de los recuadros y oraciones complejas con justificaciones y conectores. Anímeles a que hablen de sus experiencias personales y a que expresen sus opiniones.

> **ACTIVIDAD DE DIFERENCIACIÓN**
>
> Pida a sus alumnos más aventajados que realicen presentaciones de 1 minuto basadas en sus respuestas y que las presenten a la clase. Insista en que las ideas estén bien ordenadas y que sean coherentes.
>
> Si esta actividad es demasiado avanzada para sus alumnos pídales que hagan una presentación con los nombres de los distintos tipos de energía y algunas palabras clave para cada tipo de energía. Ejemplo: energía eólica – viento, molino, aspas.

> **Expresiones para sonar más natural**
>
> Es importante que sus alumnos se acostumbren a utilizar muletillas y expresiones para que su español suene más natural. Antes de utilizar estas palabras o expresiones en el ejercicio puede practicarlas con oraciones sencillas ya que de esta forma se familiarizarán con su uso.

6 Comprensión lectora

Actividad preparatoria
Pida a sus alumnos que investiguen la relación entre la comida y la huella de carbono con antelación para que los conceptos les resulten más familiares.

Desarrollo de la actividad
En esta actividad los alumnos van a leer un texto sobre la influencia de los hábitos alimenticios en el medio ambiente y contestarán a una serie de preguntas. Insista en que las respuestas sean precisas pero concisas y que no incluyan información superflua.

> **ACTIVIDAD DE DIFERENCIACIÓN**
>
> Tras hacer el debate hable con sus alumnos sobre qué datos del texto les parecen más originales, preocupantes, increíbles.

Solución
1. es una necesidad básica, un punto de encuentro y una celebración social
2. territorio, energía y agua
3. 9 veces más que para una de origen vegetal
4. entre 2,500 y 4,000 kilómetros
5. más sabor
6. los de invernadero

7 Expresión oral

Actividad preparatoria
Pida a sus alumnos que investiguen sobre una manera original de producir energía.

Desarrollo de la actividad
En esta actividad los alumnos deberán realizar un proyecto de investigación sobre una forma original de producir energía. Anímeles a que busquen algo original e inesperado. Tras haber investigado sobre el tema los alumnos presentarán su idea a la clase incluyendo la información requerida en el ejercicio. Los alumnos podrán presentar la idea simplemente hablando, con imágenes proyectadas o trayendo ejemplos de los materiales necesarios si éstos son asequibles.

5.3 Los problemas de mi ciudad

Objetivos

Vocabulario:
- Problemas medioambientales locales

Gramática:
- Oraciones exclamativas
- Interjecciones
- Perífrasis verbales

Competencias comunicativas:
- Expresar emociones al hablar
- Escribir una carta formal para hablar de problemas medioambientales

1 Expresión oral

Actividad preparatoria
Pida a sus alumnos que piensen en qué problemas medioambientales afectan más a ciudades y a pueblos donde la gente vive.

Desarrollo de la actividad
En esta actividad los alumnos van a leer las opiniones de varios jóvenes sobre los problemas medioambientales que afectan a los lugares donde viven. Después de leer hablarán en parejas para decidir cuál es más relevante a la zona donde viven.

ACTIVIDAD DE DIFERENCIACIÓN

Pida a sus alumnos más aventajados que piensen cuál de las opiniones que acaban de leer está mejor formulada y por qué. Dígales que valoren la complejidad de las oraciones, la variedad de vocabulario y tiempos verbales y la utilización de construcciones idiomáticas.

Si esta actividad es demasiado avanzada para sus alumnos pídales que hagan una presentación con los nombres de los distintos tipos de energía y algunas palabras clave para cada tipo de energía. Ejemplo: energía eólica – viento, molino, aspas.

2a and b Comprensión auditiva

Actividad preparatoria
Identifique las palabras clave de la transcripción y asegúrese de que sus alumnos las conocen.

Desarrollo de la actividad
En esta actividad los alumnos van a oír una entrevista con el alcalde de una ciudad en la que habla de los problemas medioambientales que afectan a su ciudad. Identifique las palabras clave de la transcripción y asegúrese de que sus alumnos las conocen. Los alumnos tendrán que hacer dos ejercicios, uno de contestar preguntas y el otro de sustituir la información subrayada de las frases según lo que oyen.

Si esta actividad es demasiado avanzada para sus alumnos pídales que hagan una presentación con los nombres de los distintos tipos de energía y algunas palabras claves para cada tipo de energía: Ej. energía eólica – viento, molino, aspas.

ACTIVIDAD DE DIFERENCIACIÓN

Una manera de simplificar este ejercicio es darles a los alumnos una copia de la transcripción con huecos para rellenar.

Transcripción del audio: Pista 34

Entrevistadora (F):	Hola, buenos días. Muchas gracias por haber venido a nuestro plató esta noche para hablarnos de sus proyectos para mejorar la situación medioambiental de nuestra ciudad.
Alcalde (M):	Hola, buenos días. Gracias a vosotros por haberme invitado. Siempre es un placer poder hablar de mis proyectos.
Entrevistadora:	¿Cree usted que a nivel medioambiental nuestra ciudad está peor o mejor que otras ciudades?
Alcalde:	Pues mire, la verdad es que creo que tiene los mismos problemas que casi todas las ciudades.
Entrevistadora:	¿Qué le preocupa más?

Alcalde:	Me preocupa sobre todo la basura. Mucha gente apenas recicla y eso es un gran problema.
Entrevistadora:	¿Y qué proyectos tiene para mejorar esta situación?
Alcalde:	Se pueden hacer dos cosas. Por una parte es importante que haya más centros de reciclaje para que sea más fácil reciclar y por otra parte es esencial que eduquemos a los niños en las escuelas y les expliquemos los beneficios del reciclaje.
Entrevistadora:	¿Piensa usted que va a ser fácil?
Alcalde:	Probablemente no, pero igual tenemos que hacerlo. Cambiar los hábitos de la gente es lento pero se puede lograr.
Entrevistadora:	Mucha gente piensa que hay más y más coches en el centro y que por eso hay demasiada polución del aire y contaminación acústica en algunas zonas. ¿Qué opina de esto?
Alcalde:	Pues mire, no podría estar más de acuerdo. El problema es que la gente no utiliza el transporte público tanto como debería. No se dan cuenta de que si todo el mundo va en coche siempre hay atascos y nunca hay donde aparcar.
Entrevistadora:	¿Cree usted que tenemos suficientes zonas verdes?
Alcalde:	La verdad es que tenemos mucha suerte y tenemos bastantes parques. Lo importante es que los cuidemos y que no tiremos basura al suelo. Además hay que tener mucho cuidado si hacemos barbacoas. El año pasado hubo un incendio que quemó parte de un bosque. Fue un auténtico desastre natural. No quiero que algo así vuelva a pasar

Entrevistadora:	Bueno, muchas gracias por su tiempo y espero que tenga suerte con sus proyectos.
Alcalde:	Muchas gracias a usted. Ha sido un placer.

Solución

a
1. De la situación medioambiental en su ciudad
2. Hay los mismos problemas
3. Porque la gente no recicla
4. Construir más centros de reciclaje
5. Explicar los beneficios del reciclaje
6. Porque cambiar los hábitos de la gente es lento

b
1. Mucha gente piensa que hay muchos coches <u>en el centro</u>.
2. Hay demasiada polución del aire y contaminación <u>acústica</u>.
3. Si todo el mundo va en coche hay <u>atascos</u>.
4. Tenemos mucha suerte y tenemos bastantes <u>parques</u>.
5. Hay que tener mucho cuidado al hacer <u>barbacoas</u>.
6. El año pasado hubo <u>un incendio</u> que destruyó parte de un bosque.

3 Expresión oral

> Trabaje la lista de expresiones para reaccionar con sus alumnos. Asegúrese de que entienden el significado y pídales que utilicen un gesto o mueca para cada una, ya que de esta forma les ayudará a reforzar el aprendizaje. Hable con ellos sobre cuáles son más formales o más coloquiales.

Desarrollo de la actividad

En esta actividad los estudiantes realizarán una encuesta en clase sobre los problemas medioambientales que afectan al lugar donde viven basándose en la lista del ejercicio. Anime a los estudiantes a que reaccionen a los comentarios de sus compañeros con las expresiones sugeridas. Algunos estudiantes quizás encuentren estas frases poco naturales pero es una buena forma de acostumbrarles a que usen oraciones exclamativas para reaccionar.

ACTIVIDAD DE DIFERENCIACIÓN

Pida a sus estudiantes más avanzados que, de forma oral o escrita, resuman la información que acaban de recopilar. Anímeles a que calculen porcentajes y a que reflexionen sobre puntos en común.

Si tiene alumnos con un nivel más bajo explíqueles el vocabulario nuevo con antelación:

falta, vertidos, pintadas, aparcar, contenedores, humo…

4 Comprensión lectora

Actividad preparatoria

Hable con sus alumnos sobre México, sobre su localización, historia y sobre qué elementos culturales son familiares para ellos.

Desarrollo de la actividad

En esta actividad los alumnos leerán un texto sobre la polución del aire en Ciudad de México y tendrán que decidir si las oraciones propuestas son verdaderas o falsas. Deberán corregir las falsas con la frase adecuada del texto. Asegúrese de que cuando los alumnos corrigen las oraciones falsas utilizan solo la información necesaria, sin incluir palabras superfluas.

Solución

	V	F
1 La contaminación del aire solo afecta a México		√
Justificación: afecta gravemente a las grandes ciudades de Latinoamérica		
2 Todos los años mueren 5000 personas		√
Justificación: el número crece cada año		
3 En la Ciudad de México hay demasiados coches	√	
Justificación:		
4 Cada vez hay menos coches		√
Justificación: cada año aumenta el número de vehículos en un 5%		
5 El humo de los coches es peligroso para la gente	√	
Justificación:		
6 Los mexicanos tienen más problemas de salud que otros países	√	
Justificación:		
7 La contaminación no afecta a los animales		√
Justificación: amenaza la fauna		
8 Acabar con el problema de la contaminación va a ser fácil		√
Justificación: la solución no es sencilla		
9 La educación sobre la contaminación es una solución rápida		√
Justificación: la educación es una solución a largo plazo		
10 Los mexicanos no quieren utilizar el transporte público	√	
Justificación:		

5a and b Comprensión auditiva

Actividad preparatoria

Trabaje la primera parte del ejercicio con sus alumnos haciéndoles adivinar qué parte de la frase piensan que va a estar mal y pidiéndoles que ofrezcan alternativas. Haga lo mismo con la segunda parte pidiéndoles que inventen respuestas lógicas para las preguntas. Este ejercicio puede ser realizado en parejas.

Desarrollo de la actividad

En esta actividad los alumnos van a escuchar a dos jóvenes hablando de los problemas medioambientales que afectan a sus regiones. En la primera parte del ejercicio tendrán que corregir un elemento de la frase según lo que están escuchando y en la segunda parte tendrán que contestar a las preguntas.

ACTIVIDAD DE DIFERENCIACIÓN

Para facilitar el ejercicio déle a sus alumnos menos aventajados una lista del vocabulario más complejo del ejercicio.

Transcripción del audio: Pista 35

Jaime: Es una vergüenza que el ayuntamiento no haga nada, mi ciudad es un desastre. Las calles están llenas de basura, la gente tira papeles y envoltorios al suelo y nunca veo a nadie limpiando. Además las aceras están cubiertas de chicles, lo cual da una imagen terrible a los turistas. Pero esto no es todo, lo peor es sin duda el estado de la playa, ya que como no hay vigilancia todo el mundo hace barbacoas y deja la arena hecha un desastre. Debería haber más campañas locales para concienciar a los jóvenes de

Cambridge IGCSE Spanish as a Foreign Language

> que tienen que cuidar su ciudad. En mi colegio todos estamos concienciados y cuidamos nuestro entorno. Yo sé que no es una tarea fácil mantenerlo todo limpio, pero los políticos deberían hacer algo.
>
> Marga: Yo vivo en una ciudad muy grande y, como es de esperar, hay muchos problemas medioambientales. Lo que más me espanta es la falta de lugares verdes ya que muchos parques han sido convertidos en urbanizaciones. Esto empeora el problema de la contaminación del aire, ya que los árboles ayudan a mejorar la calidad del aire. Otra cosa que no puedo soportar son las nuevas fábricas que se construyeron recientemente. El humo es terrible y las nubes negras se pueden ver desde muy lejos. Hay un bosque cercano en el que hay algunas especies animales en peligro de extinción y si el aire que respiran no está limpio seguro que las autoridades se las llevarán a otro bosque. Un problema de siempre es la cantidad de coches en el centro debido a que los transportes públicos son escasos y caros.

Solución

a
1. las <u>calles</u> están llenas de basura
2. Las aceras están cubiertas de <u>chicles</u>
3. La gente deja <u>la arena</u> hecha un desastre
4. Debería haber más campañas <u>locales</u> para concienciar a los jóvenes
5. Los <u>políticos</u> deberían hacer algo

b
1. Sí, como es de esperar hay muchos problemas
2. Porque muchos han sido convertidos en urbanizaciones
3. Empeora el problema de la contaminación del aire
4. El aire que respiran no está limpio así que seguro que se las llevarán a otro bosque
5. Los transportes públicos son escasos y caros

6 Expresión escrita

Actividad preparatoria

Explique a los alumnos cómo empezar y acabar una carta y además qué recursos retóricos deben utilizar para que el tono sea serio y formal.

Desarrollo de la actividad

En esta actividad los alumnos tendrán que escribir una carta al alcalde de su ciudad o pueblo hablándole de los problemas medioambientales que afectan a la región donde viven. Es importante que incluyan la información de los puntos de manera exhaustiva y equilibrada. Pídales que para cada punto incluyan más de una idea. El recuadro del ejercicio tiene expresiones que pueden utilizar.

Respuesta modelo

Coruña, 2 de enero de 2018

Estimado Sr. Alcalde:

Le escribo de parte de mi clase para explicarle algunos de los problemas más serios de mi ciudad.

El problema que más me preocupa es la falta de puntos de reciclaje. Mucha gente quiere reciclar botellas y cartón pero tienen que llevarlos en coche hasta las afueras, ya que allí están los únicos contenedores de reciclaje. Esta situación me parece inaceptable dado que a mi parecer ir en coche genera más humo que contamina el aire.

Otro asunto que me parece muy grave es la falta de transportes públicos. Los trenes y autobuses son insuficientes y por este motivo la gente tiene que ir en coche a todas partes. Esto me preocupa porque genera mucha contaminación acústica que afecta a la salud de todo el mundo.

Creo que la solución a estos problemas es fácil. En cada barrio debería haber un punto de reciclaje y los transportes públicos deberían ser mucho más frecuentes.

Le saluda atentamente

Antonio Gómez

7 Expresión oral

Actividad preparatoria

Hable con sus alumnos de las estructuras del recuadro y explíqueles la importancia de utilizar construcciones verbales variadas y correctas.

Desarrollo de la actividad

En esta actividad los alumnos prepararán una presentación oral sobre los problemas medioambientales que afectan al lugar donde viven. Anímeles a utilizar muletillas y expresiones propias del lenguaje oral pero también oraciones complejas.

ACTIVIDAD DE DIFERENCIACIÓN

Los alumnos menos aventajados pueden realizar una presentación con imágenes y frases sencillas en vez de una exposición de forma narrativa.

5.4 Cuidemos el medio ambiente

Objetivos

Vocabulario:
- Iniciativas para cuidar el medio ambiente
- Las 3 Rs

Gramática:
- Imperativo

Competencias comunicativas:
- Expresar opiniones de forma impersonal
- Exponer de forma creativa maneras de reutilizar basura

1 Expresión oral

Actividad preparatoria
Explique a sus alumnos las formas impersonales del recuadro y pídales que añadan alguna más que puedan conocer para utilizar en el ejercicio.

Desarrollo de la actividad
En esta actividad los alumnos trabajarán en parejas haciendo frases con las palabras del ejercicio. Anímeles a que utilicen las expresiones impersonales para que inventen posibles formas en las que se puede cuidar el medioambiente.

ACTIVIDAD DE DIFERENCIACIÓN

Pida a un alumno con más nivel de cada pareja o grupo que presente su mejor idea al resto de la clase para que entre todos puedan votar cuál es la más original, la más factible, o la más eficaz.

2 Expresión escrita

Desarrollo de la actividad
En esta actividad los alumnos deberán clasificar en su cuaderno las soluciones propuestas a problemas medioambientales según los criterios del ejercicio.

Diferenciación
Pida a sus alumnos más aventajados que transformen algunas de las frases de este ejercicio utilizando las expresiones impersonales del recuadro del ejercicio 1. Este ejercicio se puede realizar de forma oral o escrita.

Los alumnos con menos nivel pueden hacer solo una clasificación en vez de tres.

Trabaje las terminaciones del imperativo con sus alumnos. Preste especial atención a los imperativos irregulares con los que los alumnos pueden no estar familiarizados.

Explique a sus alumnos cómo pueden incorporar el imperativo a sus trabajos escritos u orales para así añadir más variedad.

3 Expresión escrita

Desarrollo de la actividad
En este ejercicio los alumnos deberán completar los huecos de las recomendaciones para cuidar el medio ambiente propuestas con los verbos del recuadro conjugados en el imperativo. Recuerde a sus alumnos que algunos son irregulares y pídales que antes de empezar identifiquen las oraciones negativas que requerirán terminaciones diferentes.

Diferenciación
Pida a sus alumnos más aventajados que cambien las frases negativas a positivas y viceversa conservando el sentido de la frase. *Utiliza ambas caras del papel* → *no utilices solo una cara del papel*.

Si tiene alumnos menos aventajados haga el ejercicio en dos fases. Primero trabaje con toda la clase poniendo los verbos en los huecos correspondiente y luego de forma individual los alumnos los pueden conjugar.

Solución

1 <u>Apaga</u> los ordenadores por la noche, no los <u>dejes</u> encendidos ni en hibernación.

2 <u>Utiliza</u> ambas caras del papel, tanto al imprimir como para anotar en el mismo.

3 <u>Cierra</u> el grifo del agua cuando te cepilles los dientes. Ahorrarás casi 4 litros de agua.

4 <u>Acorta</u> la ducha. Por un minuto menos en la ducha ahorrarás casi 20 litros de agua.

Cambridge IGCSE Spanish as a Foreign Language

5   Recicla los envases de vidrio. No te olvides que tarda un millón de años en descomponerse en la naturaleza.
6   Apaga las luces que no necesitas.
7   Usa bolsas reutilizables, las bolsas de plástico son una plaga que daña al medio ambiente.
8   Baja el termostato de la calefacción, por cada grado más bajo en el invierno ahorrarás un 10% en tu factura de energía.
9   Planta un árbol, ayudarás a preservar el medio ambiente.
10 Camina o vé en bicicleta cuando puedas porque es mejor para el medio ambiente y para la salud.

4 Comprensión lectora

Actividad preparatoria
Antes de leer el texto pida a sus alumnos que trabajen en parejas y que piensen en 10 cosas cuyo consumo se puede reducir, 10 que se pueden reutilizar y 10 cosas que se pueden reciclar para cuidar el medio ambiente.

Desarrollo de la actividad
En este ejercicio los estudiantes leerán un texto sobre las 3 Rs y deberán contestar a una serie de preguntas. Asegúrese de que sus respuestas son concisas y no incluyen información innecesaria.

ACTIVIDAD DE DIFERENCIACIÓN

Pida a sus alumnos que elaboren un póster con la información del texto e ideas personales para concienciar a sus compañeros de la importancia de las 3 Rs. Intente que sean originales y relevantes a la comunidad escolar de sus alumnos. Anime a sus alumnos más aventajados a que incluyan ideas complejas con conectores. Si tiene alumnos con menor nivel pueden hacer un póster con imágenes y vocabulario separado por campos temáticos.

Ejemplo:
Reciclar: basura, contenedor, tirar, vidrio, cartón...

Solución
1   Ahorras dinero y ayudas al medio ambiente
2   Productos con poco embalaje o a granel
3   Productos de usar y tirar
4   Ayudas al planeta y ahorras dinero
5   Páginas web
6   No, cada día hay más
7   No, si lo haces de forma rutinaria
8   Porque no saben cómo hacerlo

5 Comprensión auditiva

Actividad preparatoria
Pregúntele a sus alumnos qué hacen ellos para cuidar el medioambiente y qué cosas no hacen pero piensan que podrían hacer.

Desarrollo de la actividad
En esta actividad los alumnos oirán a una serie de estudiantes hablando de lo que hacen o no para cuidar el medio ambiente y tendrán que escoger cuál de las opciones del ejercicio de repuesta múltiple es la correcta.

ACTIVIDAD DE DIFERENCIACIÓN

Trabaje el vocabulario y las expresiones más difíciles del ejercicio antes de escuchar el audio para facilitar la comprensión.

Transcripción del audio: Pista 36

1   Jaime – Yo soy consciente de que hay que hacer cosas para mejorar el medio ambiente, pero como no tengo tiempo apenas reciclo. Lo único que hago es reciclar papel y algunas veces reutilizar bolsas.

2   Susana – Yo antes no hacía nada para cuidar el medio ambiente pero ahora hago todo lo posible. En casa yo soy la responsable de reciclar. A mis padres les importa mucho el medio ambiente pero no tienen mucho tiempo así que lo hago yo. En el colegio es más difícil pero el otro día di una charla para convencer a mis compañeros de que deben apagar las luces que no necesitan y no deben malgastar papel.

3   Samir – En mi colegio todo el mundo recicla y no se malgastan recursos. En mi casa es lo mismo pero en mi ciudad desafortunadamente no es así. El verano pasado organicé un fin de semana para limpiar la playa. Puse pósteres e incluso salí en la radio local para anunciarlo. La verdad es que tuvo bastante éxito y vinieron 20 personas a ayudar. El año que viene lo voy a repetir.

4   Cristina – Mi principal preocupación es el malgasto de energía y de agua. Siempre les digo a mis hermanos que cierren el grifo cuando se lavan los dientes y que no pasen demasiado tiempo en la ducha. Yo además colaboro con un club para limpiar los parques de mi ciudad porque mucha gente hace barbacoas y los deja muy sucios.

5 Pablo – Yo creo que lo mejor que se puede hacer para cuidar el medio ambiente es utilizar el transporte público. Con menos coches el aire es más puro y la gente está más sana. Para ir al colegio voy en autobús porque está un poco lejos, pero siempre que puedo voy andando al centro o a ver a mis amigos.

5 Pablo

Reciclar es la mejor forma de cuidar el medio ambiente	
La cantidad de coches no afecta a la salud	
Va andando a todas partes	
Cuando visita a sus amigos va a pie	X

Solución

1 Jaime

Hace muchas cosas para cuidar el medio ambiente	
No hace mucho para cuidar el medio ambiente	X
Nunca recicla papel	
Siempre reutiliza las bolsas	

2 Susana

Siempre ha hecho todo lo posible por el medio ambiente	
Sus padres no se preocupan por el medio ambiente	
En el colegio no es fácil convencer a la gente de que debe reciclar	X
Dio una charla sobre el cambio climático	

3 Samir

Tuvo que trabajar en su colegio para que la gente recicle	
Sus padres no se preocupan por el medio ambiente	
Tuvo una iniciativa para limpiar la playa	X
El año que viene no hará nada	

4 Cristina

Se preocupa sobre todo por la energía que se consume	X
Sus hermanos no malgastan agua	
Va a limpiar las playas de su ciudad	
La gente de su ciudad cuida los espacios verdes	

6 Expresión escrita

Actividad preparatoria

Antes de empezar el ejercicio pida a sus alumnos que hablen en parejas y que piensen en ideas para cada una de las opciones. De esta forma se darán cuenta de cuál es la más adecuada para ellos.

Desarrollo de la actividad

En esta actividad los alumnos elaborarán un folleto para su colegio en el que intentarán convencer a sus compañeros de que reciclen. Tienen varias opciones para que puedan escoger cuál es más relevante para ellos o cuál les parece más pertinente o eficaz. Anímeles también a que usen los verbos en imperativo y las expresiones impersonales que acaban de estudiar.

7 Expresión escrita y oral

Actividad preparatoria

Hay varios videos disponibles en internet que explican maneras originales de reutilizar una botella. Muéstreles uno a sus alumnos para inspirarles.

Desarrollo de la actividad

En esta actividad los alumnos deberán pensar en 5 maneras originales de utilizar una botella de plástico y deberán escribir una explicación de las 5. Una vez hecho esto deberán presentar 1 o varias de las ideas a la clase. Anímeles a que tengan ideas originales pero que a la vez sean factibles y de utilidad.

ACTIVIDAD DE DIFERENCIACIÓN

Pida a sus alumnos que pongan en práctica una de sus ideas en casa y que graben un vídeo explicando esta idea. Los vídeos se pueden mostrar a la clase para elegir el más original, práctico o útil. Los alumnos más aventajados pueden hacer presentaciones complejas mientras que los que encuentren la actividad más difícil pueden limitarse a señalar objetos y mencionar el sustantivo o el verbo.

8 Expresión oral

Actividad preparatoria
Hable con sus alumnos sobre el examen oral, el formato y los criterios de evaluación. Asegúrese de que entienden los requerimientos de la prueba y hable sobre las posibles estrategias para obtener buenas notas.

Desarrollo de la actividad
En este ejercicio los alumnos deberán preparar respuestas modelo para preguntas generales sobre el medioambiente. Asegúrese de que incluyen la mayor cantidad posible de vocabulario específico, estructuras gramaticales y frases idiomáticas.

ACTIVIDAD DE DIFERENCIACIÓN

Pida a sus alumnos que trabajen en parejas para ver de qué forma se pueden mejorar las respuestas.

Actividades de repaso

1
Carlos   B
Silvia   C
Manuel   B

En esta actividad es esencial que los alumnos se acostumbren a aislar la información que se les pide. Antes de empezar acostúmbreles a que lean bien las preguntas para que intenten anticipar qué tipo de información (numérica, adjetivos, verbos…) van a escuchar.

2
En esta actividad los alumnos deberán prestar atención a varias cosas. Por una parte deben asegurarse de que los alumnos cubren la información de los puntos prestando especial atención a que los tiempos verbales se correspondan con el enunciado. Los verbos deberán ser correctos, tanto en concordancia como en ortografía. Anime a sus alumnos a que utilicen todas las expresiones idiomáticas y vocabulario específico que acaban de aprender.

Transcripción del audio: Pista 37

Carlos: Yo creo que en mi ciudad el transporte público no es un problema. Todas las zonas están bien comunicadas y además el precio no es muy caro. El único problema es que la gente es vaga y prefiere ir en su propio coche. Yo personalmente siempre voy en autobús porque creo que es más rápido y ecológico. El coste anual de un coche es muchísimo mayor que el de los billetes de autobús.

Silvia: Ir de un barrio a otro en mi ciudad es un desastre. Hay pocos autobuses y como hay muchos atascos siempre se tarda mucho. El tranvía es bastante efectivo pero hay pocas líneas así que no sirve para ir a muchos sitios. Yo creo que con más tranvías la situación sería mejor. El alcalde quiere hacer el centro histórico peatonal. Seguro que para las tiendas es genial pero el resto de calles van a tener más coches y más atascos.

Manuel: Hace unos años transporte público en mi ciudad era una pesadilla. Había pocos autobuses y los atascos ahora punta eran enormes. Desde hace unos años la situación ha mejorado considerablemente. La red de metro es mucho mejor, hay más líneas y los trenes son más frecuentes. Además el precio de los autobuses y del metro ha bajado así que resulta mucho más barato que ir en coche. No creo que la gente esté más concienciada de los problemas del medio ambiente sino que lo hacen por ahorrar.

Unidad 5

Unidad 6: Nuestro mundo

6.1 La vida en otros países

Objetivos

Vocabulario:
- Los saludos
- Conocer a gente
- El mundo internacional y la vida en otros países
- Nacionalidades
- El tuteo, hablar de usted y el voseo

Gramática:
- Repaso del imperfecto, el indefinido y el pretérito

Competencias comunicativas:
- Expresarse con saludos
- Comunicarse para conocer gente
- Hablar sobre el mundo internacional y la vida en otros países
- Hablar y preguntar sobre nacionalidades
- Utilizar el tuteo y el uso de usted

1 Vocabulario y comprensión lectora

Actividad preparatoria

Diga a sus alumnos que van a aprender las diferencias entre cómo saludarse en diferentes partes del mundo.

Pregunte ¿Cómo os saludáis en vuestro país?

Explique a los alumnos que van a ver diferentes fotografías sobre cómo se saludan en varias partes del mundo.

Desarrollo de la actividad

Pida a los alumnos que enlacen las ilustraciones con las frases.

Explique las frases con el vocabulario abrazarse, darse la mano, dar besos en la mejilla.

Solución

1 d   2 a   3 b   4 c

ACTIVIDAD DE DIFERENCIACIÓN

Pida a los alumnos más aventajados que escriban sus propias frases sobre cómo se saludan en otras partes del mundo que no aparecen en las fotografías.

Indique que tienen que utilizar el vocabulario indicado durante el desarrollo de la actividad.

Españoles en el mundo

2 Comprensión lectora

Actividad preparatoria

Pregunte a los alumnos si conocen el programa de Televisión Española 'Españoles en el Mundo'.

Pregunte si hay un programa similar en sus países.

Desarrollo de la actividad

Diga a los alumnos que lean el texto sobre el programa de Televisión Española 'Españoles en el Mundo'.

Indique a los alumnos que contesten las preguntas.

Solución

a Por la moda y el cine.
b La gente bebe y se divierte.
c El cocodrilo, el canguro y el búfalo.
d Salchichas.
e Porque lidera en el mundo de la música internacional.
f Eran un pueblo beduino.
g En la octava posición. Kuwait es el octavo país más caro.

3 Expresión escrita

Actividad preparatoria

Indique a los alumnos que van a hacer un repaso sobre países y nacionalidades.

Desarrollo de la actividad

Pida a los alumnos que escriban la nacionalidad junto al país correspondiente en masculino y femenino.

Indique que en algunos casos no se usa el género femenino.

Pregunte a cada uno de los alumnos ¿De dónde eres? o ¿De qué país eres?, ¿Cuál es tu nacionalidad?

> **ACTIVIDAD DE DIFERENCIACIÓN**
>
> Indique a los alumnos más aventajados que busquen diez países que no aparezcan en la actividad y creen una presentación con la bandera, el país y su correspondiente nacionalidad.

> **El tuteo, hablar de usted, y el voseo**
>
> Lea con sus alumnos la variedad idiomática del tuteo, el ustedeo y el voseo. Pida a sus alumnos si existen estas diferencias gramaticales.

Actividad preparatoria

Introduzca el concepto del tuteo, el hablar de usted y el voseo a los alumnos.

Pregunte si existe esta diferencia en sus respectivos países.

Desarrollo de la actividad

Lea con los alumnos el texto sobre el tuteo, el hablar de usted y el voseo.

> **ACTIVIDAD DE DIFERENCIACIÓN**
>
> Indique a los alumnos más aventajados que busquen en internet ejemplos de tuteo, el hablar de usted y el voseo. Después páselos en clase y vea las diferencias.

4a and 4b Expresión escrita y gramática

Actividad preparatoria

Indique a los alumnos que van a repasar el uso del pretérito imperfecto, el pretérito y el pretérito perfecto compuesto.

Desarrollo de la actividad

Repase con los alumnos los aspectos teóricos del pretérito imperfecto, el pretérito y el pretérito perfecto compuesto.

Indique a los alumnos que completen la actividad 4a sobre el pretérito y el pretérito imperfecto.

Indique a los alumnos que completen la actividad 4b sobre el pretérito perfecto compuesto.

Solución

4a tenía, me mudé, era, hablaba, era, tenía, me adapté, conocí, ayudó, iba, aprendí

4b

a	he ido, ha encantado	f	He visto
b	has hecho, has puesto	g	he dicho
c	Hemos hablado	h	He/Hemos recibido
d	Has abierto	i	Has empezado
e	ha roto	j	ha comenzado, Has traído

> **Verbos para describir la experiencia de vivir en otros países**
>
> Lea con sus alumnos los verbos que sirven para describir la experiencia de vivir en otros países. Practique los verbos con sus alumnos.

Actividad preparatoria

Indique a los alumnos que van a leer una serie de expresiones relacionadas con la experiencia de vivir en otros países.

Desarrollo de la actividad

Pida a los alumnos que lean las expresiones que se presentan en la caja de texto.

Explique las expresiones a los alumnos.

Diga a los alumnos que escriban una frase con cada una de las expresiones y que tengan en cuenta las conjugaciones verbales.

> **ACTIVIDAD DE DIFERENCIACIÓN**
>
> Indique a los alumnos más aventajados que van a utilizar las expresiones estudiadas para explicar una historia en presente perfecto.
>
> Alternativamente se puede hacer una presentación en formato digital en presente perfecto con las expresiones estudiadas.

Mi vida como estudiante en el extranjero

5 🔊 Comprensión auditiva

Actividad preparatoria
Explique la definición vivir en el extranjero.

Pregunte ¿Qué creéis que está haciendo el estudiante? ¿Cómo se siente viviendo en otro país?

💻 Desarrollo de la actividad
Lea con los alumnos el ejercicio. Van a escuchar lo que dice Tomás sobre su vida como estudiante en el extranjero. Los estudiantes tienen que escribir los países en los que ha vivido y cuántos años ha vivido en ellos.

> **💻🔊 Transcripción del audio:** Pista 38
>
> Voz 1:
> Ahora que he terminado mis estudios de bachillerato os voy a contar un poco sobre mi vida como estudiante internacional. Mi padre es ingeniero técnico y siempre ha trabajado en varios proyectos por todo el mundo. Mi madre ha trabajado siempre desde casa. Es programadora y no tiene una oficina fija. Desde los nueve años he estado moviéndome por el mundo con mis padres. Mi vida internacional ha sido muy rica y he estudiado en varios países en diferentes escuelas internacionales. A los nueve años nos mudamos a Dubai. Dubai es un país muy pequeño pero muy rico. Siempre hace calor y todos los locales tienen que tener aire acondicionado. Montamos en camello y fuimos mucho a la playa. La comida tradicional es riquísima y hay vuelos a Europa cada dos por tres.
>
> Después de dos años en Dubai fuimos a Suiza. Estuve en Ginebra tres años y me adapté rápidamente a la gente y a su cultura. Aprendí alemán y francés muy rápidamente y los fines de semana íbamos a Francia para hacer las compras, ya que es mucho más barato que en Ginebra.
>
> Mi padre encontró entonces un trabajo en Málaga, en España. Su proyecto era solo de un año pero lo disfrutamos mucho. Allí siempre hace sol y buen tiempo y la gente es muy simpática. Aprendí español y aproveché la piscina que teníamos en casa para bañarme casi cada día. Me encantó.

> Milán fue mi próximo destino. El clima era más frío que en el sur de España pero me integré con rapidez, ya que el italiano es muy similar al español. Allí fui con mis padres al lago Como y al Garda. No tengo palabras para describir el hermoso paisaje de la zona. Estuvimos viviendo en Italia dos años más. Me encantó.
>
> Ahora que estoy a punto de empezar mis estudios de arte en Savannah, en los Estados Unidos, puedo decir que he tenido una vida muy rica. Cultura, arte, idiomas y sobre todo nuevos amigos es lo que he ganado durante todos estos años.

Solución

Dubai	dos años
Suiza	tres años
España	un año
Italia	dos años
Estados Unidos	

6 ✏️ Expresión escrita

Actividad preparatoria
Explique a los alumnos que van a escribir un pequeño artículo sobre otro país de 100 palabras. Pueden acompañar el artículo con fotografías si así lo desean. Los alumnos tienen que seguir el esquema de preguntas propuestas en el libro.

Desarrollo de la actividad
Pida a los alumnos que se ciñan a las preguntas propuestas en el libro.

Repase el esquema de un artículo.

Indique que tienen que utilizar el presente perfecto cuando escriban el artículo.

> **ACTIVIDAD DE DIFERENCIACIÓN**
>
> Pida a los alumnos más aventajados que lean el artículo a su compañero.
>
> Pida a los alumnos que contesten a las siguientes preguntas: ¿De qué país hablan? ¿Cuáles son los aspectos culturales que son diferentes a la cultura propia? ¿Qué comida, bebida, costumbres y fiestas menciona el alumno?

7 Expresión oral

Actividad preparatoria

Indique a los alumnos que miren la fotografía.

Explique el concepto de vivir con una familia en el extranjero durante un año.

¿Han pasado por una experiencia similar?

Desarrollo de la actividad

Lea con los alumnos la caja de texto que les ayudará a describir la fotografía.

Indique a los alumnos que utilicen las expresiones de la caja de texto para describir la fotografía.

Pida a los alumnos que describan con detalle la fotografía.

ACTIVIDAD DE DIFERENCIACIÓN

Indique a los alumnos con un conocimiento de español más básico que se centren en describir el aspecto físico de las personas que aparecen en la fotografía buscando las palabras de los objetos que no conocen en el diccionario.

8 Expresión lectura y oral

Actividad preparatoria

Pida a los alumnos que miren la ilustración. Pregunte ¿Cuál es el tema principal de la ilustración?

Repase el significado de la expresión dar un consejo y dar consejos.

Desarrollo de la actividad

Indique a los alumnos que lean con el profesor los consejos que da Isabel para vivir en el extranjero.

Explique las expresiones a los alumnos.

Diga a los alumnos que contesten a las preguntas oralmente con su compañero.

6.2 Comida, tradiciones y costumbres

Objetivos

Vocabulario:
- Comida internacional
- Los viajes
- El tiempo en pasado
- Tradiciones y costumbres

Competencias comunicativas:
- Hablar sobre la comida internacional
- Describir viajes
- Hablar en pasado sobre el tiempo metereológico
- Hablar sobre tradiciones y costumbres

1 Vocabulario y comprensión lectora

Actividad preparatoria

Diga a sus alumnos que van a aprender vocabulario sobre diferentes platos típicos latinoamericanos.

Repase la palabra cuchara. Puede ampliar la información con las siguientes palabras: cuchillo, tenedor, cucharita, plato, vaso.

Repase la palabra bandera.

Pida a sus alumnos que miren las fotografías. Pregunte, ¿Conocéis estos platos?

Desarrollo de la actividad

Pida a los alumnos que enlacen las ilustraciones con la comida típica de la bandera del país Latinoamericano que corresponda.

Solución

Feijoada: BrasilE. Burritos: MéxicoA. Empanada: ArgentinaD. Ceviche: PerúB. Gallo Pinto: Costa RicaC

Imagina la Isla de Pascua

2 Comprensión lectora

Actividad preparatoria

Indique a los alumnos que miren las fotografías sobre la isla de Pascua. Pregunte si saben dónde está la isla de Pascua y a qué país pertenece.

¿Qué pueden ver en las fotografías del texto?

Desarrollo de la actividad

Pida a los alumnos que lean el texto sobre la cultura Rapa Nui.

Indique a los alumnos que enumeren las costumbres y los platos típicos del lugar. Después pueden contestar a las preguntas.

Solución

2a Costumbres: La fiesta de Rapa Nui y el Haka Pei. Comida típica: productos marinos como pescados (atún) y mariscos (langosta, los camarones, el rape), el plátano, la caña de azúcar. El plato típico es el Umu Rapa Nui, el ceviche y las empanadas de atún.

2b
1. La altura media de los moai es de unos 4,5 metros y pesan de 5 a 10 toneladas.
2. Consiste en descender por una colina encima de un tronco de plátano.
3. Se cocina en un hoyo en la tierra con leña y piedras al rojo vivo, como se hacía hace cientos de años. Las piedras calientes son cubiertas con hojas de plátano sobre las que se coloca carne, pollo y pescado y se vuelve a cubrir con hojas y piedras.

ACTIVIDAD DE DIFERENCIACIÓN

Indique a los alumnos más aventajados que piensen y escriban un diario sobre un miembro del pueblo Rapa Nui. Tiene que incluir aspectos sobre las costumbres, la comida típica o el día a día en la isla de Pascua.

3 Expresión escrita

Actividad preparatoria
Indique a los alumnos que piensen en un país exótico que han visitado o que les gustaría visitar.

Desarrollo de la actividad
Pida a los alumnos que en grupos de dos hagan una presentación sobre un país exótico que les interese, con fotografías o ilustraciones. Deben incluir sus costumbres, la comida y la bebida del país.

> **ACTIVIDAD DE DIFERENCIACIÓN**
>
> Después de la presentación, puede preguntar a los alumnos más aventajados:
>
> ¿Por qué habéis escogido este país?, ¿Cuáles son los aspectos que más os han sorprendido del país estudiado?, ¿Os gusta la comida y la bebida del país que habéis presentado?, ¿Os parecen interesantes las costumbres del país?

4 Expresión lectura y oral

Actividad preparatoria
Pregunte a los alumnos que van a hablar sobre el café. ¿Dónde se cultiva el café más famoso?

Desarrollo de la actividad
Indique a los alumnos que van a leer un texto sobre cómo se prepara el café en las Islas Canarias.

Diga a los alumnos que apunten los tipos de café que se indican en el texto.

Pregunte a los alumnos ¿Qué tipo de cafés conoces?

Pida a los alumnos que con su compañero contesten a la pregunta ¿Sabes la diferencia entre un café con leche, un café solo y un cortado? Pueden buscar información en internet.

> **ACTIVIDAD DE DIFERENCIACIÓN**
>
> Pregunte a los alumnos más aventajados:
>
> ¿Hay otros tipos de preparación de café en tu país?, ¿Cómo se preparan?, ¿Crees que tomar mucho café es bueno o malo para la salud?, ¿Cuál es el principal ingrediente que tiene un café?

Horarios de comida en España

Actividad preparatoria
Pregunte a los alumnos si conocen la diferencia de los horarios de la comida en España con el resto de Europa e incluso del mundo.

Desarrollo de la actividad
Indique a los alumnos que van a leer un texto sobre los horarios de comida en España.

Diga a los alumnos que apunten las horas en las que se desayuna, se almuerza, se come, se merienda y se cena.

> **ACTIVIDAD DE DIFERENCIACIÓN**
>
> Pregunte a los alumnos más aventajados:
>
> ¿A qué hora se desayuna en tu país?
>
> ¿A qué hora se almuerza en tu país?
>
> ¿A qué hora se come en tu país?
>
> ¿A qué hora se merienda en tu país?
>
> ¿A qué hora se cena en tu país?

5 Comprensión auditiva

Actividad preparatoria
Indique a los alumnos que van a escuchar un reportaje televisivo sobre la empresa lechera 'Dos Pinos' de Costa Rica. Tienen que escuchar atentamente al reportero local y contestar a las preguntas.

Desarrollo de la actividad
Pida a los alumnos que escuchen atentamente y contesten a las preguntas.

> **Transcripción del audio:** Pista 39
>
> Voz 1:
> La empresa costarricense 'Dos Pinos', líder en su país en ventas de refrescos por encima de Coca-Cola, ha triplicado su crecimiento en el 2015. El éxito ha hecho que se ofrezcan más puestos de trabajo. Dos Pinos, que empezó como una pequeña cooperativa de veinticinco lecheros el 26 de agosto de 1947, es todo un referente para Costa Rica. Su expansión ha sido enorme y ahora ya vende a todos los países centroamericanos y del Caribe y a los Estados Unidos. Sus productos incluyen leche, helado, quesos, yogur y cremas lácteas. También Dos Pinos vende zumos, néctares, refrescos y tés. Para más información sobre la empresa pueden entrar en dospinos.com.

Solución

a   A Coca-Cola

b   Empezó como una pequeña cooperativa de veinticinco lecheros el 26 de agosto de 1947.

c   Vende sus productos a todos los países centroamericanos y del Caribe y a los Estados Unidos.

d   leche, helado, quesos, yogur, cremas lácteas, zumos, néctares, refrescos y tés.

ACTIVIDAD DE DIFERENCIACIÓN

Repase con los alumnos más aventajados el vocabulario que aparece en el audio. Pueden ampliar información sobre la empresa lechera entrando en su página web www.dospinos.com

Indique a los alumnos que hagan un trabajo sobre una empresa alimenticia importante de su país. Puede incluir las siguientes preguntas ¿Qué tipo de alimentos produce?, ¿Cuándo fue fundada?, ¿A qué países vende?

Pida a los alumnos menos aventajados que apunten las palabras sobre los alimentos que aparecen en esta actividad auditiva.

El tiempo en el pasado

Repase y lea con sus alumnos el tiempo en pasado. Practique en su cuaderno los verbos con sus alumnos.

Actividad preparatoria

Indique a los alumnos que van a ver cómo se utiliza el pasado en las expresiones de tiempo climatológico.

Desarrollo de la actividad

Lea con los alumnos el tiempo presente y el tiempo pasado del tiempo climatológico.

ACTIVIDAD DE DIFERENCIACIÓN

Indique a los alumnos más aventajados que hagan un trabajo o un vídeo con imágenes o ilustraciones en el que se indique el tiempo climatológico en presente y en pasado siguiendo el ejemplo:

Hoy hace calor pero ayer hacía frío.

---

6 Comprensión escrita

Actividad preparatoria

Mire las ilustraciones sobre los símbolos de tiempo climatológico. Pregunte a los alumnos qué indica cada símbolo.

Desarrollo de la actividad

Pida a los alumnos que escriban la forma correcta de los verbos que están entre paréntesis.

Solución

a   llovió, llueve
b   hace frío
c   Nevó
d   hace calor y sol
e   había tanta niebla
f   está nublado
g   hace viento
h   hace buen tiempo

Seis lugares que no te puedes perder en Latinoamérica

7 Comprensión oral

Actividad preparatoria

Mire con los alumnos las imágenes de los lugares turísticos más impresionantes de Latinoamérica.

Pregunte, ¿Conocéis estos lugares?, ¿En qué país están?, ¿Cómo se llaman?

Desarrollo de la actividad

Pida a sus alumnos que lean con un compañero de clase y describan lo que ven en las fotos.

Indique a los alumnos que tienen que ampliar información de cada uno de los lugares mediante la búsqueda de información sobre la comida y la bebida típica, la tradición más destacada y el tiempo. Luego tienen que hacer una presentación de lo que han encontrado.

6.3 Redes sociales y tecnología

Objetivos

Vocabulario:
- Objetos relacionados con la tecnología
- Las redes sociales

Gramática:
- El imperfecto de subjuntivo
- Estructura del condicional con el imperfecto de subjuntivo

Competencias comunicativas:
- Hablar sobre la tecnología y los objetos relacionados con la tecnología
- Hablar sobre las ventajas y desventajas de la redes sociales

1 Vocabulario

Actividad preparatoria

Diga a sus alumnos que van a aprender vocabulario sobre términos relacionados con la tecnología.

Mire con sus alumnos las fotografías. Pregunte ¿Qué palabras conocéis en español?

Pida a sus alumnos que lean las palabras de la caja de texto.

Desarrollo de la actividad

Pida a los alumnos que enlacen las ilustraciones con las palabras de la caja de texto.

Solución
1 F 2 E 3 B 4 C 5 A 6 D

El multitasking

2 Comprensión lectora y expresión oral

Actividad preparatoria

Pregunte a los alumnos qué hacen las siguientes personas en diferentes situaciones con sus aparatos electrónicos.

Pregunte ¿Qué pensáis del uso y del abuso de la tecnología?

Pregunte si conocen el término *multitasking* e indique lo que significa.

Desarrollo de la actividad

Diga a los alumnos que van a leer una serie de opiniones sobre el tema del multitasking.

Lea con los alumnos las preguntas de la actividad.

Indique a los alumnos que enlacen las ilustraciones con las opiniones de las personas que aparecen en la actividad.

Solución
1 b 2 d 3 c 4 e 5 a

ACTIVIDAD DE DIFERENCIACIÓN

Indique a los alumnos más aventajados que se imaginen que son una persona cuya vida está dominada por la tecnología. Tienen que escribir una historia en la que aparezcan los aparatos electrónicos estudiados en clase enlazándolos con el problema del multitasking.

Indique a los alumnos menos aventajados que se centren en el vocabulario principal del texto, principalmente en los aparatos electrónicos que aparecen.

3 Expresión oral

Actividad preparatoria

Indique a los alumnos que van hablar en clase sobre el tema del multitasking. Deben dar su opinión personal y profundizar un poco más sobre el tema.

Pida a los alumnos que hagan una lista con las ventajas y las desventajas del multitasking.

Desarrollo de la actividad

Después de practicar las respuestas, indique a los alumnos que expliquen lo que ha contestado su compañero.

Dominios y subdominios en internet

Lea con sus alumnos los diferentes tipos de dominios y subdominios en internet. Pregunte a sus alumnos si conocen otro tipo de dominios o subdominios en la red.

Actividad preparatoria

Pregunte a los alumnos si conocen el concepto de dominio y subdominio en internet.

¿Qué tipos de dominios conocéis?

Unidad 6

Desarrollo de la actividad

Indique a los alumnos que van a leer un texto sobre los dominios y subdomios en internet.

Cada país tiene su propia terminación. Indique la terminación y los países que se mencionan.

Lea el texto con los alumnos.

> **ACTIVIDAD DE DIFERENCIACIÓN**
>
> Indique a los alumnos más aventajados que en grupos de dos busquen otros dominios en internet de países latinos. ¿Cómo son sus terminaciones? Pueden indicar la bandera del país para cada uno de los países y dominios.

4 🔊 Expresión oral

Actividad preparatoria

Diga a los alumnos que van a escuchar una entrevista al señor González, experto en nuevas tecnologías de la Universidad de Valladolid, realizada por unos alumnos de bachillerato.

Desarrollo de la actividad

Pida a los alumnos que antes de escuchar tienen que leer las palabras del cuadro de texto.

¿Qué significan? Los alumnos tienen que escoger la respuesta correcta de cada una de las frases que aparecen en la actividad.

Lea con los alumnos las frases de la actividad.

Transcripción del audio: Pista 40

Voz 1: Buenas tardes, señor González y gracias por aceptar que le hagamos una entrevista para nuestra revista del colegio Sagrado Corazón.

Voz 2: No hay de qué. Me encanta hablar con jóvenes. Sois el futuro de nuestra sociedad.

Voz 1: Bueno, la primera pregunta que le hacemos. ¿Es posible la multitarea?

Voz 2: Rotundamente no. La multitarea es un falso concepto. El cerebro de los humanos no está preparado para hacer dos o tres cosas a la vez. La gente que hace multitarea no hace bien nada. No se concentra. No acaba las cosas a tiempo. Científicamente la multitarea no existe.

Voz 1: ¿Entonces qué recomienda a los estudiantes que hacen multitarea?

Voz 2: Les diría que no se pueden hacer dos cosas a la vez. Si quieren concentrarse y entender los conceptos de la asignatura que están estudiando tienen que focalizarse solo en lo que están haciendo, que es estudiar. Pueden escuchar un poco de música si eso les ayuda a concentrarse pero muy suave, clásica preferiblemente. También les diría que dejen de leer su correo electrónico o lo que sus amigos escriben en las redes sociales.

Voz 1: ¿Entonces considera que la tecnología es mala para estudiar?

Voz 2: No. La tecnología no es mala para estudiar. La tecnología es muy beneficiosa según como se use. He de añadir gracias a ella ha hecho que cambie el papel del profesor y el alumno en el mundo educativo actual.

Voz 1: ¿Qué quiere decir?

Voz 2: El papel del profesor ha cambiado. Los buenos profesores entienden que los alumnos pueden encontrar cualquier tipo de información por internet y que ya no son la fuente de conocimiento que eran en el pasado. Por eso tienen que guiar al alumno en su aprendizaje.

Voz 1: ¿Guiar al alumno en su aprendizaje?

Voz 2: Sí. Han de proponer actividades en la clase con proyectos. Los alumnos tienen que buscar información, investigar sobre el tema y después presentar sus resultados. Han de ser creativos e independientes y el profesor les ha de ayudar. Ha de hacer de guía.

Voz 1: O sea, alumnos creativos del siglo XXI y profesores activos que ayuden a sus alumnos en su aprendizaje.

Voz 2: Exacto. Y también es muy importante la empatía. En la edad adolescente los alumnos necesitan profesores que les entiendan, que se pongan en su piel.

Voz 1: Muchas gracias profesor González por su tiempo.

Solución

1 b 2 c 3 c 4 a 5 c 6 a

5 Comprensión lectora y expresión oral

Actividad preparatoria
Indique a los alumnos que van a hablar de forma extensa sobre el tema de las nuevas tecnologías, el de las redes sociales y sobre sus ventajas y desventajas. Diga que van a leer diferentes opiniones que van a tener en cuenta para ampliar sus ideas sobre este tema.

Mire la imagen con sus alumnos. ¿Qué representa la pantalla de un ordenador en blanco?

¿Qué iconos se pueden ver sobre las redes sociales?

Pregunte ¿Qué tipo de redes sociales utilizáis? ¿Cómo utilizáis las redes sociales? ¿Con qué frecuencia utilizáis las redes sociales?

Desarrollo de la actividad
Pida a los alumnos que contesten a las preguntas ¿Qué piensas de las nuevas tecnologías? ¿Y de las redes sociales?

Después de contestar a las preguntas, indique que tienen que leer las opiniones sobre las nuevas tecnologías y el uso de las redes sociales. Tienen que colocar las opiniones de los alumnos en la categoría de ventajas o en la categoría de las desventajas. Esta parte se puede hacer individualmente o en grupo.

Solución
Ventajas: b) c) f); Desventajas: a) d) e)

> **ACTIVIDAD DE DIFERENCIACIÓN**
>
> Prepare a los alumnos más aventajados para la actividad 6 en la que tendrán que escribir un artículo de opinión sobre las ventajas y desventajas de las nuevas tecnologías entre los jóvenes y el uso de las redes sociales. Pueden hacer su propia lista sobre las ventajas y las desventajas tanto del uso de las nuevas tecnologías entre los jóvenes como del tema de las redes sociales.

6 Expresión escrita

Actividad preparatoria
Indique a los alumnos que van a escribir un artículo de opinión sobre las ventajas y desventajas de las nuevas tecnologías entre los jóvenes y el uso de las redes sociales.

Si no lo ha hecho en la actividad de ampliación del ejercicio 5, pida a los alumnos que dividan en dos columnas las ideas que tienen sobre las ventajas y desventajas de las nuevas tecnologías entre los jóvenes y el uso de las redes sociales.

¿Es útil el uso del portátil para hacer las tareas de la escuela?

Desarrollo de la actividad
Indique a los alumnos que tienen que escribir un artículo de opinión sobre las ventajas y desventajas de las nuevas tecnologías entre los jóvenes y el uso de las redes sociales.

Es importante que utilicen expresiones de opinión tales como: En mi opinión, Yo creo que, Por lo que a mí respecta, Pienso que.

Explique la caja de texto en la que se indica cómo estructurar las ideas de un artículo de opinión y los conectores que se pueden utilizar.

Pida a los alumnos que escriban entre 100 y 130 palabras.

> **ACTIVIDAD DE DIFERENCIACIÓN**
>
> Los alumnos menos aventajados pueden escribir frases simples con las ventajas y desventajas del uso de las nuevas tecnologías y las redes sociales entre los jóvenes. Su presentación puede ir acompañada con fotos para hacerla visualmente más atractiva.

Respuesta modelo
Las nuevas tecnologías, ventajas y desventajas

En este artículo de opinión voy a hablar de las ventajas y desventajas de las nuevas tecnologías.

Las nuevas tecnologías son imprescindibles en el mundo de hoy. Siempre estás al día de lo que hacen tus amigos y puedes hacer tu compra por internet. Con las redes sociales puedes aprender cosas nuevas y estar informado sobre las nuevas novelas que salen en el mercado o las películas de moda. También puedes jugar a videojuegos con amigos de todo el mundo y esto me encanta.

Por otra parte hay gente que opina que las nuevas tecnologías son una distracción absoluta. Si uno quiere concentrarse en los estudios siempre están con el teléfono móvil y no pueden estudiar. La gente no se comunica en la vida real y están siempre con las redes sociales.

Mientras unos opinan que las nuevas tecnologías son negativas para nuestra sociedad yo creo que tenemos que aprovechar las ventajas que nos brindan. Con moderación en su uso, las nuevas tecnologías son fantásticas.

> **Estructura tus ideas**
>
> Indique a sus alumnos que van a leer una serie de frases que les ayudarán a estructurar sus ideas cuando hablan o escriben de por ejemplo las ventajas y desventajas de las nuevas tecnologías o de las redes sociales.

Actividad preparatoria
Indique a sus alumnos que van a hablar sobre la forma de estructurar las ideas en un artículo de opinión.

Desarrollo de la actividad
Pida a los alumnos que lean la caja de texto. Explique los conceptos principales.

> **ACTIVIDAD DE DIFERENCIACIÓN**
>
> Indique a los alumnos más aventajados que hagan una presentación con imágenes sobre cada uno de los conceptos que aparecen en la caja de texto.
>
> Pueden también ampliar la actividad escribiendo una historia en pasado con todas las expresiones. Asegúrese que saben utilizar el indefinido. "Bajó la música", "copió una hoja de Excel", "cargó la batería".
>
> Indique a los alumnos más aventajados que escriban una historia corta en la que incluyan una frase con el pretérito imperfecto de subjuntivo.

> **Las nuevas tecnologías**
>
> Lea con sus alumnos los diferentes tipos de frases sobre las nuevas tecnologías. Pregunte a sus alumnos si conocen otro tipo de frases relacionadas con las nuevas tecnologías.

Actividad preparatoria
Indique a sus alumnos que van a aprender una serie de expresiones útiles relacionadas con el tema de la tecnología.

Desarrollo de la actividad
Pida a los alumnos que lean la caja de texto. Explique los conceptos principales.

> **El Imperfecto de subjuntivo**
>
> Lea con sus alumnos la construcción gramatical del imperfecto de subjuntivo.

Actividad preparatoria
Indique a los alumnos que van a estudiar el uso del pretérito imperfecto de subjuntivo con oraciones con 'si' + condicional.

Escriba una frase en la pizarra del tipo:

Si me tocara la lotería, me iría de viaje a Australia con mi familia.

Practique con sus alumnos frases que empiecen con "Si me tocara la lotería..."

Desarrollo de la actividad
Explique con detalle el uso del pretérito imperfecto del subjuntivo.

7 Expresión escrita

Actividad preparatoria
Indique a los alumnos que van a completar el ejercicio con la forma correcta del pretérito imperfecto del subjuntivo.

Repase el uso del pretérito imperfecto del subjuntivo.

Desarrollo de la actividad
Individualmente los alumnos tienen que completar el ejercicio.

Solución
a   tuvieras/tuvieses
b   escribiera/escribiese
c   usarámos/usásemos
d   hablaras/hablases
e   jugaras/jugases
f   bajara/bajase

8 Expresión escrita

Actividad preparatoria
Indique a los alumnos que van a seguir trabajando con el pretérito imperfecto de subjuntivo.

Desarrollo de la actividad
Diga a los alumnos que tienen que crear frases en las que tienen que usar el pretérito imperfecto de subjuntivo del tipo:

Si hablara más con el profesor tendría menos problemas en clase.

> **ACTIVIDAD DE DIFERENCIACIÓN**
>
> Indique a los alumnos más aventajados que pueden hacer una pequeña película en la que utilicen el pretérito imperfecto del subjuntivo con la conjunción condicional si.

6.4 El mundo internacional

Objetivos

Vocabulario:
- La globalización
- El consumo de drogas

Gramática:
- Los pronombres relativos

Competencias comunicativas:
- Opinar sobre la globalización y sus efectos positivos y negativos en el mundo actual
- Hablar sobre el consumo de drogas entre los jóvenes

Esta subunidad cubre la sección "temas según los recursos disponibles y el interés individual".

---

1 Vocabulario

Actividad preparatoria

Diga a sus alumnos que van a aprender vocabulario sobre términos relacionados con la globalización.

Mire con sus alumnos la fotografía. Puede aprovechar para hacer una descripción introductoria sobre la misma.

Desarrollo de la actividad

Indique a los alumnos que lean en grupos de dos las palabras de la caja de texto y busquen su significado en el diccionario.

ACTIVIDAD DE DIFERENCIACIÓN

Pregunte a los alumnos más aventajados qué opinión tienen sobre el tema de la globalización. Añada el concepto de progreso y desigualdad en dos partes diferenciadas. Esta actividad puede ampliarse con nuevas ideas que vayan surgiendo en la lección sobre los aspectos positivos y los negativos de la globalización.

Haga una descripción detallada sobre la fotografía relacionándola con el tema de la globalización.

Los jóvenes y el mundo globalizado

2 Expresión lectura

Actividad preparatoria

Indique a los alumnos que van leer un texto sobre los jóvenes y el mundo globalizado.

Pregunte ¿Qué conocéis del mundo actual globalizado? ¿Estáis familiarizados con el tema?

¿Cómo os afecta el mundo globalizado?

Desarrollo de la actividad

Diga a los alumnos que lean detenidamente el texto sobre los jóvenes y el mundo globalizado.

Indique a los alumnos que contesten a las preguntas.

Solución

1. Vivir en un mundo globalizado significa estar rodeado de nuevas tecnologías que permiten el libre intercambio de información a gran velocidad. Otra característica es la compra y venta de productos de forma rápida y eficaz.
2. Internet, los móviles y el software digital.
3. Los aparatos electrónicos son cada vez más baratos y se desarrollan de forma constante.
4. Los jóvenes lo hacen prácticamente todo a través de la red. Escribir a amigos, chatear, ver vídeos, escuchar música, leer libros, comprar productos, vender productos.
5. Tienen que saber codificar o programar, conocer productos de software como Photoshop o InDesign, conocer nuevas culturas, hablar nuevos idiomas, ser curiosos, vivir en nuevos países y adaptarse rápidamente a las diferentes situaciones laborales y sociales.
6. El calentamiento global, las desigualdades sociales, la pobreza.

ACTIVIDAD DE DIFERENCIACIÓN

Indique a los alumnos menos aventajados que se centren en el vocabulario principal del texto, principalmente en las acciones que hacen los jóvenes dentro del mundo globalizado.

3 Expresión oral

Actividad preparatoria

Indique a los alumnos que van a tener que contestar unas preguntas sobre el tema de la globalización. Explique que van a utilizar las frases de la caja de texto para dar su opinión sobre el tema.

Para hacer esta actividad los alumnos pueden hacer una lista con los aspectos positivos y otra lista con los aspectos negativos de la globalización.

Desarrollo de la actividad

Los alumnos tienen que contestar las preguntas de la actividad utilizando las frases de la caja de texto.

> Salvemos nuestro planeta

4 Actividad preparatoria

Diga a los alumnos que van a leer un texto de una página web dedicada a dar información de cómo salvar nuestro planeta.

Introduzca la palabra medioambiente a la clase.

Antes de leer el texto en su totalidad pregunte ¿Qué podemos hacer para salvar nuestro planeta? Los alumnos tienen que hablar con su compañero para buscar posibles soluciones para el problema del medio ambiente.

Desarrollo de la actividad

Indique a los alumnos que van a leer un texto en formato web sobre el tema salvar nuestro planeta.

Pida a los alumnos que después de leer el texto respondan a las preguntas que se les plantean sobre el tema del medio ambiente. Esta actividad se puede hacer tanto de forma oral como de forma escrita.

> **ACTIVIDAD DE DIFERENCIACIÓN**
>
> Indique a los alumnos más aventajados que pongan sobre la mesa las soluciones para mejorar el medio ambiente en un póster en español, con fotografía y texto, que puede colgarse en la clase. La actividad se puede hacer en grupos de dos.

El consumo de drogas – un mal mundial

5 Comprensión lectora y expresión oral

Actividad preparatoria

Indique a los alumnos que van a hablar de forma extensa sobre el tema de las drogas en el mundo globalizado. Pregunte ¿Cuáles son las consecuencias de tomar drogas?

¿Por qué creéis que tomar drogas es dañino para la salud? ¿Qué tiene que ver el tema de la globalización con el consumo de drogas?

Desarrollo de la actividad

Diga a los alumnos que lean los mensajes con un compañero que aparecen en los carteles sobre la prevención de drogas entre los jóvenes.

Pregunte a los alumnos el significado del mensaje de cada uno de los carteles.

¿Crees que son efectivos? ¿Por qué? ¿Por qué no?

Indique a los alumnos que lean la caja de texto sobre como describir la parte textual de una fotografía.

Pida a los alumnos que describan las fotografías con un compañero. Tienen que incluir una descripción del texto que aparece en las fotografías utilizando las expresiones

El texto dice que...

En el texto se menciona que...

En la frase del texto se dice que...

En la imagen podemos ver una frase que dice que...

> **ACTIVIDAD DE DIFERENCIACIÓN**
>
> Indique a los alumnos más aventajados que hagan su propio póster para prevenir el uso de las drogas entre los jóvenes. Deben incluir
> 1. Una imagen.
> 2. Un título.
> 3. Dos frases indicando los peligros de consumir drogas.
> 4. Un consejo para dejar de consumir droga.

Actividad preparatoria

Indique a los alumnos que van a estudiar el uso de los pronombres relativos.

Desarrollo de la actividad

Explique con detalle el uso de los pronombres relativos de la caja gramatical.

Indique y repase los ejemplos que aparecen en el libro de texto.

> **ACTIVIDAD DE DIFERENCIACIÓN**
>
> Con los ejemplos del libro, indique a los alumnos más aventajados que escriban sus propias frases con cada uno de los pronombres relativos.
>
> Corrija la actividad indicando el uso de los pronombres en cada uno de los casos.

6 Expresión escrita y oral

Actividad preparatoria

Repase con los alumnos el uso de los pronombres relativos.

Explique que van a escribir frases utilizando los pronombres relativos.

Desarrollo de la actividad

Indique a los alumnos que miren la fotografía de la chica.

Individualmente, los alumnos tienen que completar el ejercicio escribiendo con el compañero frases con pronombres relativos.

Solución

Posibles frases: La chica que está dibujando es muy bonita, la chica, cuyo pelo es rubio, es muy simpática, el hombre sobre el cual hemos hablado está trabajando en su portátil, el hombre que está a la derecha lleva corbata.

7 Expresión lectura

Actividad preparatoria

Pida a los alumnos que lean las expresiones que aparecen junto a las estrellas y las palabras relacionadas con el tema de la globalización. ¿Qué significan?

Pregunte ¿Cuál es el tema de esta actividad?

Pida a los alumnos que miren las palabras que aparecen junto a las estrellas. ¿Qué significan?

Desarrollo de la actividad

Indique a los alumnos que tienen que seguir el sistema de estrellas que se plantea en la actividad.

Los alumnos tienen que dar su opinión sobre cada uno de los conceptos sobre la globalización de la actividad.

Pida a los alumnos que escriban las estrellas que corresponden para cada uno de los conceptos de la actividad según su propia opinión.

> **ACTIVIDAD DE DIFERENCIACIÓN**
>
> Pregunte a los alumnos más aventajados. ¿Por qué has elegido una estrella para...? o ¿Por qué has elegido dos estrellas para...?
>
> Esta actividad se puede hacer en grupos de dos y los alumnos tienen que justificar su respuesta.
>
> Los alumnos menos aventajados pueden centrarse solo en las palabras que aparecen en la actividad para ampliar su vocabulario. Pueden hacer un pequeño trabajo en el que conecten las palabras con imágenes diferentes que encuentren por internet.

8 Expresión escrita y oral

Actividad preparatoria

Indique a sus alumnos que van a hacer una presentación sobre cada una de las palabras presentadas en la actividad 7.

Pida a los alumnos que justifiquen la respuesta para cada una de las palabras. ¿Por qué son importantes? ¿Por qué no?

Desarrollo de la actividad

Es aconsejable que se haga la presentación con algún medio electrónico. Los alumnos tienen que presentar oralmente frente al profesor y el resto de alumnos.

> **ACTIVIDAD DE DIFERENCIACIÓN**
>
> Los alumnos con menos nivel pueden conectar las palabras con otras imágenes, actividad ya empezada en el ejercicio 6 y que se puede ampliar con una pequeña opinión del tipo:
>
> Yo creo que la polución es peligrosa porque es mala para la salud.

Unidad 6

Pronombres relativos

Repase y lea con sus alumnos los pronombres relativos en español Practique en su cuaderno los pronombres relativos.

9 Expresión escrita y oral

Actividad preparatoria
Diga a los alumnos que van a hacer una presentación personal sobre cada una de las palabras sobre la globalización de la actividad 7.

Desarrollo de la actividad
Indique a los alumnos que tienen que hacer una presentación sobre la inmigración, la guerra, las huelgas, los derechos humanos, el desempleo, las epidemias, la polución, el efecto invernadero, los animales en peligro de extinción, la energía nuclear, los incendios forestales y los terremotos contestando a la pregunta ¿Por qué son importantes para ti? ¿Por qué no?

10 Expresión escrita y oral

Actividad preparatoria
Indique a los alumnos que con su compañero van a hablar sobre cómo resolver algunos de los problemas que hay en nuestro mundo globalizado.

Mire la foto con los alumnos. Pregunte ¿Qué representa la tierra entre dos manos?

Desarrollo de la actividad
Indique a los alumnos que lean las palabras de la caja de texto y el ejemplo:

Para parar las guerras hay que trabajar por la paz.

Explique que tienen que seguir la construcción de la frase, Para… hay que/ tenemos que/ se tiene que/ debemos/ se debe + infinitivo

ACTIVIDAD DE DIFERENCIACIÓN
La actividad contiene palabras muy útiles sobre el tema de la globalización. Pida a los alumnos con menos nivel que las añadan en su vocabulario.

Transcripción del audio: Pista 41

Vivir en Barcelona como estudiante erasmus siempre ha sido un sueño para mí. Los mercados como el de la Boquería son maravillosos pero hay más en los barrios de la ciudad, sobretodo los fines de semana y vende fruta, verdura, carne, quesos y hasta helados cuando hace calor.

En Barcelona la gente habla dos idiomas, el catalán y el español. El catalán es una lengua que está entre el francés y el español y me gusta bastante. Ahora lo estoy aprendiendo en una academia ya que hablo español y me parece bastante fácil.

El plato típico de Barcelona no es la paella. La paella es para turistas aquí ya que tienen su propia tradición culinaria catalana como la escalivada con berenjenas y pimiento rojo o el pan con tomate con aceite de oliva y sal.

Los monumentos más importantes de Barcelona a parte de la catedral son modernistas como el Parque Güell o la Sagrada Familia. La arquitectura es impresionante y pasear por la ciudad es todo un placer para la vista.

La playa de Barcelona es muy bonita y limpia. Siempre hay gente, incluso en invierno y puedes ir en bicicleta, tomar el sol o beber algún refresco.

No te he contado nada del tiempo. Bueno, esto no es Inglaterra, claro. Aquí hace sol casi siempre. La temperatura en invierno es de unos 15 grados durante el día aunque por la noche refresca. Los veranos son calurosos, de más de 30 grados pero nunca llega a 40 aunque la humedad es muy alta.

Si encontrara un buen trabajo después de estudiar en Barcelona me quedaría a vivir en la ciudad. De momento tengo que aprobar la carrera y todavía me quedan un par de años pero este año erasmus lo voy a aprovechar para disfrutar de la ciudad de Barcelona y pasar todas las asignaturas que tengo.

Actividades de repaso

1
La paella en Barcelona no es muy típica
La playa de Barceloneta está muy limpia
La Sagrada Familia es modernista
La escalivada es muy típica
En verano la humedad es muy alta

2
1) Un zumo de naranja, pan tostado con queso y un vaso de leche. 2) Va a ir a Inglaterra para mejorar el idioma. 3) Martín quiere ir a Francia en segundo de bachillerato 4) Ha filmado una pequeña película. 5) El deterioro del medio ambiente y el efecto invernadero, los derechos humanos, el desempleo, la polución el las grandes ciudades, los animales en extinción, los peligros de la energía nuclear y los derechos humanos. 6) Martín ha pasado un rato frente al ordenador antes de la cena. Ha jugado a videojuegos y ha chateado con algunos amigos que se han ido de vacaciones con sus padres a las islas Canarias o Mallorca. Después ha leído un par de números de cómics en su tableta y ha mirado los mensajes de su móvil. 7) Martín piensa que los aparatos electrónicos son básicos y muy prácticos para la comunicación y el entretenimiento.

Acepte la respuesta cuando incluso cuando haya errores menores de género y número.

Soluciones del libro de actividades

Unidad 1.1 Yo y mis cosas

1.
   a. Dónde
   b. Cuántos
   c. Qué
   d. Por qué
   e. Cómo
   f. Cuántas
   g. Cuál
   h. Adónde
   i. Quién
   j. De dónde

2. práctica oral

3.
   b. simpáticas
   c. rojas
   d. pequeña
   e. estricto
   f. franceses, divertidos
   g. grande
   h. traviesos
   i. internacional
   j. creativa

4. Hola Isabel. ¿Cómo <u>estás</u>? Espero que bien. Con esta carta me presento. Mi <u>nombre</u> es Samuel y <u>soy</u> ecuatoriano. Tengo quince <u>años</u> y mi <u>cumpleaños</u> es el 12 de diciembre.

   <u>Vivo</u> en la <u>capital</u> de Ecuador, Quito, con mis padres y mi hermana en una casa cerca de la playa. Mis padres <u>se llaman (son)</u> Marcela y Miguel y mi hermana <u>se llama (es)</u> Luisa. Luisa <u>tiene</u> doce años y <u>es</u> muy simpática y habladora. Mis <u>aficiones (hobbies)</u> son el fútbol y la música. Típico de chicos, ¿no? Bueno, también <u>me gusta</u> salir con amigos, claro.

   ¿Y tú? ¿<u>Cómo</u> es tu familia? ¿<u>Cuáles</u> son tus aficiones? ¿Dónde <u>vives</u>? ¿Qué estudias?

   ¿<u>cómo (de dónde)</u> eres?

   Un abrazo y ¡hasta pronto!

   Samuel

5. práctica oral

6. **Diálogo 1**
   - Hola. ¿Eres nueva en el colegio?
   - Sí. Hoy es mi primer día aquí.
   - ¡Bienvenida! ¿Cómo te llamas?
   - Mi nombre es Monique. ¿Y tú, cómo te llamas?
   - Enrique, aunque todos me llaman Quique.
   - ¿Quique?... Me gusta tu nombre.
   - Gracias. ¿De dónde eres, Monique?
   - Soy francesa. De Lyon. ¿Y tú?
   - Yo soy español. ¿Qué edad tienes?
   - Tengo 16 años. ¿Y tú?
   - ¡Yo también!

   Diálogo 2
   - Buenos días. ¿Cuál es tu nombre?
   - Catalina López Peña.
   - ¿Pena?
   - No, Peña. Con eñe.
   - Muy bien, con eñe. ¿Y cuáles son tus aficiones?
   - Tengo muchas. Me gusta la música y jugar al tenis.
   - ¿Y cuál es tu fecha de nacimiento?
   - El 18 de julio de 1999.
   - Perfecto. De momento eso es todo. Gracias.
   - De nada. Adiós.

7. respuesta personal

Unidad 1.2 Mi día a día

1.

Actividad (Verbo)	Necesitas ...
Ducharse Lavarse la cabeza	Champú Gel de baño Una ducha
Desayunar	Taza de té/café Leche/cereales/mermelada ...
Dormir Acostarse Irse a la cama	Cama Pijama
Afeitarse Depilarse	Maquinilla de afeitar Afeitadora eléctrica Espuma de afeitar
Despertarse Levantarse	Cama Despertador
Peinarse	Peine Cepillo Laca
Maquillarse	Lápiz de labios Maquillaje Rimel/Colorete
Vestirse Desvestirse Ponerse/ Quitarse la ropa	Ropa

Cepillarse los dientes	Dientes Cepillo de dientes Crema dentífrica
Bañarse	Bañera/Baño Champú Gel de baño
Secarse	Secador de pelo Toalla Albornoz

2 a trabajan, son   b me levanto, desayuno
   c vivimos, vivís   d le gusta
   e tienes   f hablan
   g escribe, se acuesta   h Vive
   i vamos, Vienes   j se afeita
   k voy, vas

3 a despertarse / levantarse / afeitarse / quitarse el pijama / ponerse la ropa / vestirse / lavarse los dientes

   b Despertarse:
      me despierto
      te despiertas
      se despierta
      nos despertamos
      os despertáis
      se despiertan

      Afeitarse:
      me afeito
      te afeitas
      se afeita
      nos afeitamos
      os afeitáis
      se afeitan

      Ponerse:
      me pongo
      te pones
      se pone
      nos ponemos
      os ponéis
      se ponen

      Levantarse:
      me levanto
      te levantas
      se levanta
      nos levantamos
      os levantáis
      se levantan

      Quitarse:
      me quito
      te quitas
      se quita
      nos quitamos
      os quitáis
      se quitan

      Vestirse:
      me visto
      te vistes
      se viste
      nos vestimos
      os vestís
      se visten

      Lavarse:
      me lavo
      te lavas
      se lava
      nos lavamos
      os laváis
      se lavan

4 a seis y media   b siete y cuarto
   c ocho y veinticinco   d una menos diez
   e once menos cuarto   f diez (en punto)
   g ocho y veinte   h cuatro y media

5 respuesta personal

6 una camisa
7 respuesta personal

Unidad 1.3 Mascotas y aficiones

1 a te gustan   b le encanta
   c me gusta / prefiero   d os gustan / preferimos
   e suelen   f les gusta / les encanta
   g os gustan / me gustan / le gustan   h suele / nos gusta
   i te gusta / suelo

2 a animal de compañía, adquirir, hogar
   b respuesta personal
   c respuesta personal

3 respuesta personal

4
Ir al cine al teatro al circo a un concierto	Leer un libro una revista el periódico
Escribir un poema mensajes un wasap	Ver la tele una película una serie
Jugar con el ordenador al fútbol al tenis al baloncesto ...	Tocar la guitarra el piano la batería ...
Hacer deporte yoga kárate / judo	

5 respuesta personal

Unidad 1.4 Mi casa y mi ciudad

1 Vertical: 1 armario   2 estantería   3 cama
              5 silla   7 cómoda   8 mesa
              9 lámpara

   Horizontal: 4 sofá   6 alfombra   7 cuadro
              8 mesilla   10 espejo

2 a está   b están   c hay   d hay
   e están   f hay   g están   h hay
   i hay   j está   k hay, está l están

Soluciones del libro de actividades

3 práctica oral

4 práctica oral

5 respuesta personal

6 respuesta personal

7 práctica oral

8   1 V

    2 F. Santillana ofrece un gran número de museos, palacios, iglesias, restaurantes, tiendas y algunos hoteles.

    3 F. Santillana es una pequeña ciudad medieval.

    4 V

    5 F. Se pueden ver las cuevas de Altamira y visitar el museo.

9 respuesta personal

Unidad 1.5 Mi instituto, mi clase y mis profesores

1   1 l   2 i   3 f   4 c
    5 e   6 h   7 a   8 k
    9 d   10 j   11 b   12 g

2 respuesta personal

3   1 lápiz   2 diccionario   3 estuche
    4 cuaderno   5 sacapuntas   6 bolígrafo
    7 calculadora   8 regla   9 goma
    10 tijeras

4 Respuesta personal

5 1 b, 2 d, 3 c, 4 f, 5 a, 6 e

6

El instituto	Está muy cerca de su casa Estudian tres lenguas No hacen tai-chi
Los profesores	No son tan exigentes Son más jóvenes
Los compañeros	Son casi todos chicas Solo hay tres chicos muy tímidos
El horario	Le gusta mucho Las clases empiezan más tarde Salen más temprano
La comida	Es bastante mala Comen todos los días lo mismo

7 respuesta personal

8 Hoy hemos tenido <u>clase</u> de español. La <u>asignatura</u> me encanta pero la <u>profesora</u> no me gusta nada y me pone de los nervios. El problema, entre otros, es que no sabe <u>explicar</u> bien la gramática y no entendemos nada. Sus clases son demasiado <u>aburridas</u> con poca <u>variedad</u>, y tenemos que hacer un montón de <u>ejercicios</u> escritos.

Para mí, la profesora <u>ideal</u> tiene que ser <u>simpática</u> y muy dinámica y activa para poder <u>motivar</u> a los alumnos. Además, debería tener otras <u>características</u> como por ejemplo: tener sentido del humor, saber escuchar a los <u>alumnos</u>, no <u>gritar</u> en clase y tener mucha <u>paciencia</u>.

9 respuesta personal

Unidad 1.6 Me gusta el deporte

1   1 Baloncesto   2 Tenis   3 Capoeira
    4 Natación   5 Gimnasia   6 Atletismo
    7 Fútbol   8 Taekwondo   9 Boxeo
    10 Rugby

Anime a los alumnos a debatir sobre la clasificación de los deportes en la tabla.

2   1 Juega/jugó
    2 Practica
    3 Hacer
    4 Juega, boxea
    5 Practico
    6 Nadar, correr, montar en bicicleta
    7 Hacemos, jugamos, nadamos, practicamos
    8 Hago

3 respuesta personal

4   1 F Los especialistas recomiendan practicar algún tipo de deporte de manera regular.

    2 F Uno de los deportes más saludables y completos es la natación.

    3 V

    4 F Los especialistas de la salud recomiendan incluir caminar en nuestros hábitos y rutinas diarios.

    5 F El senderismo y el ciclismo son ideales para los amantes de la naturaleza.

5 respuesta personal

6 práctica oral

Unidad 2.1 Familia y amigos

1

madre	prima
madrastra	tía
hermana	cuñada
hermanastra	suegra
hija	nieta
abuela	sobrina

2 Manuel está <u>casado</u> con Sandra desde hace cinco años y viven muy felices en un pequeño apartamento en Barcelona. Su hermano Nicolás está <u>separado</u> de su mujer y ahora vive solo cerca del apartamento de Manuel. El hijo de Nicolás estudia en Londres y está <u>soltero</u> aunque busca novia, claro. La abuela materna de Nicolás ya está <u>jubilada</u> y va con su abuelo de vacaciones a Canarias los meses de enero y febrero para disfrutar de la playa y el buen tiempo.

La hermana de Sandra, la mujer de Manuel, está <u>viuda</u> y vive sola con sus dos perros en una bonita casa cerca de Barcelona.

3
a Óscar tiene un hermano. Amanda tiene una hermana. Jorge no tiene hermanos.
b El padre de Óscar se llama Koldo.
c El pelo de Almudena es rubio.
d El padre de Amanda tiene los ojos negros y lleva barba y bigote. Su madre lleva gafas para leer, tiene muchas pecas y tiene los ojos verdes.
e La hermana de Amanda se llama Verónica. Tiene los ojos marrones y el pelo corto y liso. Es muy guapa.
f El padre de Jorge es bajito y pelirrojo. Su madre tiene el pelo negro y largo y los ojos marrones. Es de talla mediana.
g Los ojos de Jorge son marrones.

4 + : alegre, gracioso, simpático, caritativo, cortés, honesto, hermoso, sociable, cariñoso, elegante, optimista, romántico, interesante, agradable, divertido, trabajador, encantador, valiente, tranquilo, puntual, fuerte.

Neutro: estricto, exigente, orgulloso, tímido, serio

- : agresivo, desordenado, maleducado, pesado, aburrido, vago, pesimista, antipático

5 práctica oral

6 respuesta personal

Unidad 2.2 Salir y divertirse – el ocio

1 respuesta personal

2 respuesta personal

3 respuesta personal

4 Leer: estoy leyendo
Practicar: estoy practicando
Dormir: estás durmiendo
Salir: estamos saliendo
Beber: estás bebiendo
Ir: están yendo
Estudiar: estás estudiando
Cantar: está cantando

5 Pedro, Antonio y Sandra

6 respuesta personal

7 práctica oral

Unidad 2.3 Las compras

1
a Se puede comprar libros como por ejemplo …
b Se puede comprar muebles como por ejemplo …
c Se puede comprar pescado como por ejemplo …
d Se puede comprar ropa como por ejemplo …
e Se puede comprar juguetes como por ejemplo …
f Se puede comprar zapatos como por ejemplo …
g Se puede comprar joyas como por ejemplo …
h Se puede comprar pan.
i Se puede comprar sellos.
j Se puede comprar medicamentos.

2 Fruta: fresas, manzanas, peras, melón.
Bebidas: limonada, vino, naranjada.
Carne: salchichas.
Pescado: gambas, sardinas, atún, salmón.
Lácteos: Leche, queso.

3 Estos pantalones me quedan pequeños.
Este pijama me queda bien.
Estos zapatos me quedan mal.
Este jersey de lana me queda estrecho.
Esta falda me queda larga.
Esta camiseta a rayas me queda ancha.
Esta blusa me queda estrecha.
Esta corbata me queda corta.

4 Barra de pan, pedazo de queso, botella de limonada, bolsa de patatas, caja de galletas, lata de atún, porción de tarta, docena de huevos, paquete de arroz.

5
a este pan, estos huevos, esta tarta
b esas lentejas, ese turrón, esos bombones
c aquellas frambuesas, aquella manzana, aquellos paquetes de arroz

Soluciones del libro de actividades

6 En la tienda de ropa:

   a Falso. Busco una chaqueta de cuero.

   b Verdadero

   c Falso. Me queda un poco larga. ¿Tiene una talla más pequeña?

   d Verdadero.

   En la frutería:

   a Verdadero

   b Falso. Si son más baratas, un kilo de las de Valencia, por favor.

   c Verdadero.

   En unos grandes almacenes:

   a Verdadero

   b Falso. Para un chico de dieciséis años.

   c Falso. El cinturón es demasiado largo. ¿Tiene uno más corto?

   d Falso. ¿Me gustaría saber si tienen alguna pulsera o pendientes para mi?

   En Correos:

   a Verdadero.

   b Falso. Mejor urgente entonces.

   c Falso. Y un sello para Toledo, por favor.

   d Verdadero.

Unidad 2.4 Fiestas y celebraciones

1 invierno: la Navidad, la Nochevieja y los Reyes Magos
   primavera: la Semana Santa de Sevilla
   verano: la verbena de San Juan de Barcelona
   otoño: el Día de todos los Santos y el Día de los Muertos

2 a La Fiesta de la Quinceañera

   b La Tomatina de Buñol

   c Los San Fermines de Pamplona

   d Las Fallas de Valencia

   e Los Carnavales de Tenerife

3 respuesta personal

4 práctica oral

5 a casarse   b marido y mujer

   c brindar por los recién casados

   d la luna de miel   e el banquete

   f la ceremonia   g el pastel de boda

   h los invitados   i el cava

   j la tarjeta de invitación

6 a Las parrandas son canciones que llevan familiares y amigos a las casas de sus queridos.

   b Las parrandas se celebran en horas de la madrugada para sorprender al familiar y despertarlo de su sueño.

   c En Puerto Rico la navidad empieza el 23 de noviembre y termina a finales de enero.

   d Los magos de oriente.

   e La mayoría de las personas van a las playas de la isla para tirarse de espaldas siete veces, a las doce de la medianoche. Después la gente celebra la fiesta con música, baile, comidas y bebidas.

Unidad 2.5 Comidas y bebidas – dieta saludable

1 [word search grid]

mantequilla	zanahoria	pimiento	coliflor
cereales	naranja	aceitunas	pescado
lechuga	huevos	peras	carne
arroz	tomate	uvas	pan
manzana	pasta		

Cambridge IGCSE Spanish as a Foreign Language

2 Alimentos vegetales: patatas, setas, judías, frambuesas, fresas, cebolla.
Alimentos cárneos y afines: gambas, salchichas, sepia
Alimentos lácteos: queso, leche
Alimentos farináceos: fideos, arroz

3 Gazpacho: tomate, pepino, cebolla, aceite de oliva, ajo, pan frito, sal
Paella: arroz, carne, mariscos, aceite de oliva, sal
Pescado frito: pescado, aceite de oliva, sal
Pollo a la mexicana: pollo, chorizo, patatas, tomate, cebolla, pimienta, sal

4 respuesta personal

5 1 me llevo bien   2 se parece   3 molestes
  4 te pareces   5 se lleva bien

6 Dieta sana: c, e, g
Mala alimentación: a, b, d, f

Unidad 2.6 El restaurante

1

Crucigrama con las siguientes palabras: hamburguesa, horchata, milanesa, gaseosa, agua sin gas, copa de vino, bocadillo de calamares, sándwich, zumo de limón, tapas, cerveza, refresco, ensalada, pastel de zanahoria.

tapas   ensalada   horchata   bocadillo de calamares
sándwich   refresco   gaseosa   pastel de zanahoria
copa de vino   cerveza   zumo de limón
agua sin gas   hamburguesa   milanesa

2 Primer plato: gazpacho, sopa de cebolla, ensalada de queso de cabra, ensaladilla rusa. Segundo plato: gambas, asado de cordero, chuleta de ternera con champiñones, salchichas con patatas fritas, filete de cerdo con judías verdes, merluza al horno, bistec con huevo frito, salmón al ajillo.
Postre: yogur de frambuesa, fresas con nata, helado de vainilla.
Bebida: agua con gas, zumo de naranja.

3 a restaurante japonés.
  b restaurante de comida rápida
  c restaurante indio
  d restaurante vegetariano
  e crepería
  f cafetería
  g churrasquería
  h marisquería
  i bistrot

4 Posibles respuestas:
  a mí, ella   b vosotros, ellos
  c él, nosotros   d usted, ellas

5 a la vuestra   b los tuyos
  c las vuestras   d la suya
  e el tuyo

6 a Le   b le   c Les   d les

7 a lo   b la   c Los   d Lo
  e La   f lo   g Las   h me
  i Los   j lo   k los

8 respuesta personal

9 Posibles soluciones: El cuchillo está sucio, la cuchara es muy pequeña, la leche está fría, me hace falta un plato, el tenedor está sucio, el vaso es pequeño.

Unidad 3.1 ¿Qué vacaciones prefieres?

1 respuesta personal

2 La llegada del verano es un problema para los padres de algunos adolescentes. Sus hijos se quedan en <u>casa</u> o salen con sus <u>amigos</u> y no hacen otra cosa y ellos se desesperan porque chicos y <u>chicas</u> no aprovechan el tiempo y además se quejan de que se aburren.

Aquí tienes algunas ideas para que tu hijo adolescente aproveche bien su verano:

1 Campamentos de aventura. Existen un multitud de asociaciones que organizan campamentos al aire libre. Ayuda a tu hijo a buscar entre ellos aquel que más le guste.

2 Un nuevo deporte. Si hay algún deporte que le guste y que hasta ahora no haya practicado este puede ser el momento de intentarlo. Ayúdale a buscar el lugar dónde puede hacerlo.

3 Convertirse en salvavidas. Algunas organizaciones como Cruz Roja ofrecen cursillos para convertirse en salvavidas.

4 Teatro. Una buena forma de pasar el verano es entrar en el mundo de la escena. Puede ser en un campamento dedicado al teatro o puede ser en algún grupo de aficionados que admita adolescentes. Investiga lo que hay en tu ciudad.

5 Organizar un club de lectura. Otra magnífica actividad para el verano, un club de lectura, con amigos, con niños más pequeños de vuestras amistades… las posibilidades son múltiples y la actividad es formativa y placentera.

6 Organizar un cineclub. Si lo que le gusta a tu hijo adolescente es el cine, puede organizar para el verano un cineclub con sus amigos. Deberá hacer una lista de películas, buscar esas películas y programar la actividad. Ver buen cine y comentarlo después con el resto de los espectadores es una actividad muy interesante.

7 Aprender a cocinar. Solo o en un curso. También aquí las posibilidades son muchas, además toda la familia se puede beneficiar.

8 Intercambio internacional. Una buena forma y no excesivamente cara para conocer otros países y su cultura y aprender o practicar otro idioma es hacer un intercambio internacional. Existen organizaciones que se dedican a promover estos intercambios que normalmente funcionan muy bien. Tu hijo adolescente pasará unas semanas viviendo con una familia de otro país y el hijo de esa familia pasará otras semanas viviendo con vosotros.

9 Voluntario en un zoológico. Si lo que le gustan a tu hijo o hija son los animales, haz que se informe sobre si los zoológicos cercanos a vuestra casa aceptan adolescentes voluntarios en verano, muchos lo hacen.

10 Empezar a tocar un instrumento. Si le gusta la música pero nunca se ha decidido a tocar un instrumento, este puede ser el momento. Solo deberá buscar un profesor.

3 respuesta personal

4 a voy a recorrer todo el norte de Europa
  b voy a descansar todo el fin de semana
  c voy a hacer compras en el centro comercial
  d voy a pasar las vacaciones en casa de mis abuelos

Unidad 3.2 Tu opinión sobre los medios de transporte

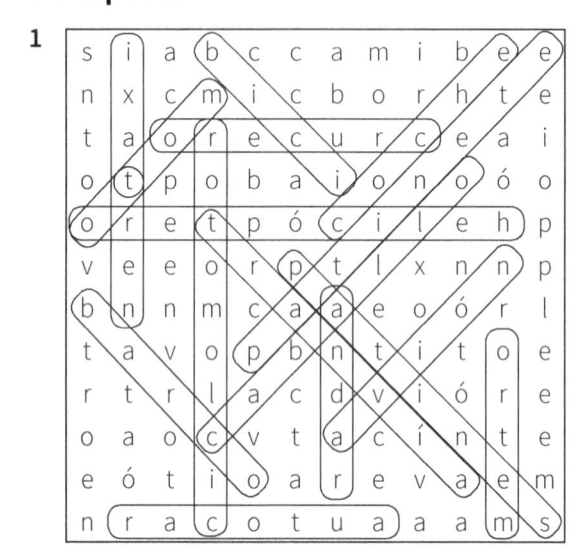

1 [sopa de letras]

coche   moto   bici   tren   caballo   metro
andar   tranvía   autocar   barco   avión   patines
patinete   helicóptero   ciclomotor   taxi   crucero

2 1 avión   2 bicicleta   3 tren
   4 bus   5 ferry   6 metro

3 respuesta personal

4 respuesta personal

Unidad 3.3 Tipos de alojamiento durante las vacaciones

1 respuesta personal

2 1 hotel   2 camping
   3 hostal   4 albergue juvenil

3 respuesta personal

4 Hola, buenos días, ¿en qué puedo ayudarle?
  Hola, quería saber dónde está el hotel
  El hotel está a 3 kilómetros del centro

Cambridge IGCSE Spanish as a Foreign Language

¿Cómo se puede llegar?

Puede venir en coche o en tren. La estación no está muy lejos

¿Dónde puedo aparcar?

Tenemos un aparcamiento detrás del hotel. ¿Para cuántas personas?

Somos cuatro personas

¿Cómo se llama?

Me llamo Pedro Gutiérrez

¿Cuándo van a llegar?

El miércoles próximo a las 4.

Perfecto

Hasta luego

Unidad 3.4 ¿Qué se puede hacer durante las vacaciones?

1 práctica oral

2 1 El fin de semana pasado fui a la playa.

   2 Me bañé en el mar y nadé mucho.

   3 Por la tarde mi hermano mayor vino a vernos y jugó con nosotros al fútbol.

   4 Mis padres hicieron una barbacoa y todos comimos mucho.

   5 Mi hermana no quiso venir porque dice que la playa es aburrida.

   6 Hizo mucho sol todo el día así que nos pusimos morenos.

   7 A mi padre le picaron muchos mosquitos y se enfadó mucho.

   8 Mi hermano se rió mucho porque le pareció muy gracioso.

   9 No pudimos comprar helados porque fuimos a una playa muy remota.

   10 Para volver a casa anduvimos mucho y luego tuvimos que coger un autobús.

3 respuesta personal

4 1 Ayer nadé en el mar.

   2 El año pasado hice un crucero con mis primos.

   3 Ayer no pude ir a la playa porque los miércoles siempre voy al cine.

   4 Ellos subieron a la montaña y esquiaron en la nieve.

   5 Mi hermana leyó un libro muy interesante.

   6 Sacamos muchas fotos porque mi padre compró una cámara nueva.

   7 Hicimos montañismo y nos perdimos.

   8 Ayer no pudimos ir a cenar fuera. Comimos en casa y vimos una película.

5 práctica oral

Unidad 3.5 ¿Qué tiempo hace?

1 respuesta personal

2 **Familia Rodríguez** Madrid **Familia Sánchez** Coruña **Familia Gutiérrez** Zaragoza **Familia Suárez** Málaga

3 a Ayer hacía frío así que me quedé en casa.

   b El otro día llovía mucho cuando me levanté.

   c Como había una tormenta tuvimos que retrasar el viaje.

   d Cuando era más pequeño siempre nevaba durante las vacaciones.

   e Ayer no pudimos ir a la playa porque estaba nublado.

   f Anoche no pude dormir ya que granizaba.

4 respuesta personal

Unidad 3.6 Una pesadilla de vacaciones

1 Báñate sólo en las zonas donde no hay demasiada olas

Escoge playas con bandera azul

Lleva un sombrero o una gorra cuando estés al sol

No te alejes de tu familia

No te bañes después de comer

Ponte crema solar

Ten cuidado con la arena caliente

2 respuesta personal

3 práctica oral

4 a F   b F   c V   d F

   e V   f NM   g NM   h V

   i V

Soluciones del libro de actividades

Unidad 4.1 Trabajos y profesiones

1
1. arquitecto
2. profesor
3. actriz
4. médico
5. abogado
6. recepcionista
7. astronauta
8. jardinero

2 respuesta personal

3

estar	trabajar	ser	comer
estaría	trabajaría	sería	comería
estarías	trabajarías	serías	comerías
estaría	trabajaría	sería	comería
estaríamos	trabajaríamos	seríamos	comeríamos
estaríais	trabajaríais	seríais	comeríais
estarían	trabajarían	serían	comerían

levantarse	hablar	gustar	vivir
me levantaría	hablaría	me gustaría	viviría
te levantarías	hablarías	te gustaría	vivirías
se levantaría	hablaría	le gustaría	viviría
nos levantaríamos	hablaríamos	nos gustaría	viviríamos
os evantaríais	hablaríais	os gustaría	viviríais
se levantarían	hablarían	les gustaría	vivirían

4

salir	decir	hacer	venir	saber	poner
saldría	diría	haría	vendría	sabría	pondría
saldrías	dirías	harías	vendrías	sabrías	pondrías
saldría	diría	haría	vendría	sabría	pondría
saldríamos	diríamos	haríamos	vendríamos	sabríamos	pondríamos
saldríais	diríais	haríais	vendríais	sabríais	pondríais
saldrían	dirían	harían	vendrían	sabrían	pondrían

5
1. ¿Te gustaría ir al cine conmigo?
2. Nosotros podríamos dormir en un hotel.
3. En el futuro me gustaría trabajar como arquitecta.
4. Vosotros seríais los actores para esta película.
5. Yo no iría a Londres.

6 Me gusta mucho mi <u>trabajo/profesión</u> porque trabajo con las manos y estoy en contacto <u>con</u> otras personas. Por la mañana <u>me levanto</u> muy temprano, sobre las 5 h. <u>Desayuno</u> un café y una tostada con mantequilla. Luego <u>me ducho/me lavo</u>, casi siempre con agua fría, <u>me pongo</u> mi uniforme y <u>voy</u> al trabajo en mi coche. En mi lugar de trabajo somos cuatro <u>trabajadores/personas</u> y aunque es muy temprano y casi no estamos despiertos, hablamos un poco del día de ayer, comentamos las <u>noticias</u> de la radio o el periódico y empezamos a amasar. Me encanta el olor de la harina, la levadura y el calor del horno. Luego, cuando el <u>pan</u> ya está hecho, algunos de mis compañeros se van a sus <u>casas</u> pero yo me quedo en la tienda para venderlo. En general, los <u>clientes</u> son muy simpáticos y amables. ¿Sabes a qué me dedico? Claro que sí, soy <u>panadero(a)</u>

7 respuesta personal

Unidad 4.2 Planes de futuro

1

querer	gustar	ir a
quiero	me gustaría	voy a
quieres	te gustaría	vas a
quiere	le gustaría	va a
queremos	nos gustaría	vamos a
queréis	os gustaría	vais a
quieren	les gustaría	van a

2 respuesta personal

3 voy a aprobar
van a regalar
vamos a adoptar
va a estudiar
vamos a ser
vamos a ganar

4
a ¿Dónde os gustaría estudiar? ¿Qué os gustaría hacer en el futuro?
b ¿Qué vas a hacer durante las vacaciones?
c ¿Dónde/Con quién te gustaría vivir con 20 años?
d ¿Cuáles son tus sueños?/¿Qué sueños tienes?
e ¿Qué quieres hacer después de tus estudios?
f ¿Qué quieres ser? ¿Qué te gustaría ser?

5 Se llama Mateo. En el futuro le gustaría trabajar en el sector de la imagen y la comunicación y su sueño es ser un periodista famoso de la radio o la televisión. Después del instituto quiere ir a la universidad y estudiar periodismo. También, quizás por su profesión, le gustaría viajar por todo el mundo y hacer entrevistas a políticos, artistas y gente interesante.

6 respuesta personal

7 respuesta personal

8 respuesta personal

Unidad 4.3 Estudios y carreras

1

Masculino	Femenino
médico	médica
veterinario	veterinaria
agente inmobiliario	agente inmobiliaria
actor	actriz
economista	economista
fisioterapeuta	fisioterapeuta
enfermero	enfermera
periodista	periodista
deportista	deportista
cantante	cantante
publicista	publicista
dentista	dentista

2. respuestas personales

3

salir	decir	hacer	venir	saber	poner
saldré	diré	haré	vendré	sabré	pondré
saldrás	dirás	harás	vendrás	sabrás	pondrás
saldrá	dirá	hará	vendrá	sabrá	pondrá
saldremos	diremos	haremos	vendremos	sabremos	pondremos
saldréis	diréis	haréis	vendréis	sabréis	pondréis
saldrán	dirán	harán	vendrán	sabrán	pondrán

4
1. Con cincuenta anos (yo) viviré en una casa en el campo
2. En 2019 (nosotros) haremos un crucero por el Mediterráneo
3. En el futuro (yo) tendré un trabajo muy interesante
4. (Vosotros) trabajaréis en un hotel durante las vacaciones de verano
5. Mis padres no irán a Nueva York el año que viene

5 respuesta personal

6
1. Louise, la hermana de Claire.
2. En un hospital de Santiago de Chile
3. 23 años
4. Abogada
5. Que son muy importantes
6. En una cafetería

7 Información personal
Apellido(s): Chavrel
Nombre: Claire
Nacionalidad: francesa
Estudios: clase 12 / Colegio internacional
Experiencia profesional: prácticas en el despacho de una abogada, camarera en una cafetería
Personalidad/Carácter: tímida

Información personal
Apellido(s): Chavrel
Nombre: Louise
Nacionalidad: francesa
Estudios: Medicina / Universidad
Experiencia profesional: médica asistente en un hospital de Santiago de Chile
Personalidad/Carácter: trabajadora, con mucha energía y muy comunicativa.

8 respuesta personal

Unidad 4.4 La comunicación

1
a Hora. Partes de una carta
b Libro. Medios de comunicación
c Eléctrico. Tipos de teléfonos
d Escribir. Acciones con el teléfono
e Lenta. Tipos de cartas

2 1

A	B
¿Dígame?	Hola, ¿está Marta?
Sí, ¿de parte de quién?	De Luisa.
Hola, Luisa. ¿Cómo estás?	Estresada. Tengo un examen mañana
Buena suerte con los exámenes. Ahora te paso	Gracias.
De nada. Adiós	Adiós

2

A	B
Buenas tardes. Hotel "Mar Azul".	Buenas tardes. ¿Podría hablar con el Sr. Rubio?
Lo siento, pero tiene una reunión	Entonces, le llamaré un poco más tarde.
De acuerdo. ¿Me dice su nombre, por favor?	Sí, claro. Soy Cecilia López Robledo
Muchas gracias.	Gracias a usted.
De nada. Hasta luego	

3 B Elementos como: usted, le, Condicional (Podría), su, etc.

4

Estilo directo (ED)	Estilo indirecto (EI)
"hablo"	Dijo que habló
"he comido"	Dijo que había comido
"vas a comprar"	Dijo que iba a comprar
"estudiasteis"	Dijo que estudiasteis
"¿vendrás?"	Preguntó si vendrías
"habías comido"	Dijo que habías comido
"lo conozco"	Dijo que lo conocía

5
1. "No puedo estudiar por las noches porque llego muy cansado"
2. "Mis alumnos quieren hacer más actividades divertidas"
3. "Voy a llamar por teléfono desde vuestra oficina"
4. "¿Hay un médico en la sala?"
5. "He estudiado en una universidad americana"

6
1. Javier dijo que estaba seguro de que ya había visto a esa persona en algún sitio.
2. El profesor preguntó si habíais/habíamos terminado el examen o si te necesitábais (necesitabais) / necesitábamos más tiempo.
3. Rosa dijo que la semana que viene se levantaría más temprano si quería llegar a tiempo.
4. La Sra. Pereira dijo que su hermano estuvo con ella en Madrid cuando ella tenía 27 años.
5. La alumna dijo que no le gustaba trabajar en grupos porque siempre trabajaba solo ella.

7 respuesta personal

Unidad 4.5 Entrevistas de trabajo

1
1. Candidato
2. Entrevistador
3. Currículum
4. Entrevista
5. Salario
6. Director
7. Requisitos

2
1. ¿Cómo se llama? / ¿Cuál es su nombre?
2. ¿Tiene experiencia laboral?
3. ¿Cómo es usted? / ¿Cómo es su carácter?
4. ¿Dónde vive? / ¿Cuál es su domicilio/dirección?
5. ¿Dónde estudia?
6. ¿Tiene usted hermanos?
7. ¿Cuántos años tiene? / ¿Qué edad tiene?
8. ¿Qué le gustaría hacer en el futuro? / ¿Cuáles son sus planes de futuro?

3 respuesta personal

4 respuesta personal

5

hablar	escribir	hacer	ir	salir	ser
hable	escribe	haga	vaya	salga	sea
hables	escribas	hagas	vayas	salgas	seas
hable	escriba	haga	vaya	salga	sea
hablemos	escribamos	hagamos	vayamos	salgamos	seamos
habléis	escribáis	hagáis	vayáis	salgáis	seáis
hablen	escriban	hagan	vayan	salgan	sean

6 respuesta personal

7 respuesta personal

8 respuesta personal

9 práctica oral

Unidad 4.6 El dinero y el trabajo

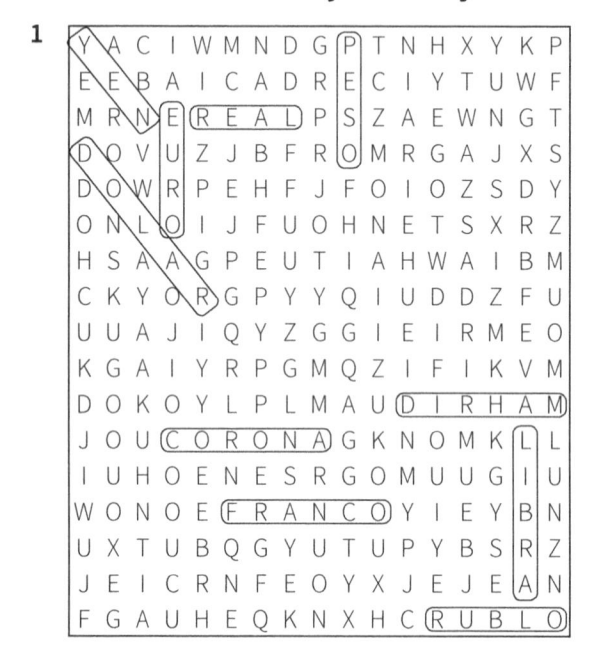

1 (sopa de letras: REAL, PESO, DOLAR, EURO, LIRA, DIRHAM, CORONA, FRANCO, LIBRA, RUBLO)

2 respuesta personal

3
1. Lavar el coche
2. Pasear al perro
3. Hacer de canguro
4. Cortar el césped
5. Dar clases privadas
6. Repartir el periódico

4 respuesta personal

5 respuesta personal

Cambridge IGCSE Spanish as a Foreign Language

6 Nombre de la empresa: Supermercados Rico
Sector: Alimentación y servicios
Lugar: Cartagena (Colombia)
Trabajo/Puesto: cajeros y cajeras
Requisitos: 18–25 años, estudios primarios, experiencia, ganas de trabajar en equipo, conocimientos de inglés y francés
Teléfono/Dirección de correo de contacto: 934 78 24 / supermercadorico@colombia.com
Persona de contacto: Sra. Bueno

7 respuesta personal

8 respuesta personal

Unidad 5.1 Problemas medioambientales

1 a Los animales en peligro de extinción
   b La falta de zonas verdes
   c La suciedad de las calles
   d La deforestación
   e La contaminación del agua
   f La sequía
   g El calentamiento global
   h Los incendios
   i La contaminación acústica

2 respuesta personal

3

	V	F
Hay mucho silencio Justificación: Cada vez hay menos momentos de silencio		✓
La gente no se queja del ruido de los aeropuertos Justificación: No es raro oír quejarse		✓
Todos sabemos que la música ha invadido nuestras vidas Justificación: Sin habernos dado cuenta la música ha invadido nuestras vidas		✓
En casi todas las tiendas hay música Justificación:	✓	
En todos los lugares públicos hay la misma música Justificación: *música clásica en un ascensor, pop en una cafetería, jazz en un restaurante…*		✓
Mucha de la música que escuchamos no es buena Justificación:	✓	

4 a Hoy en día hay <u>muchos</u> problemas medioambientales.
   b La sequía es <u>mucho</u> peor que los incendios.
   c <u>Demasiadas</u> personas tiran papeles al suelo.
   d Hay muchos problemas que afectan al medioambiente <u>tales</u> como el efecto invernadero o el calentamiento global.
   e <u>Algunas</u> personas compran coches eléctricos que contaminan <u>poco</u>.

Unidad 5.2 Recursos naturales

1 **Carbón:** Es un combustible negro y sólido.
   Energía eólica: Es la energía que utiliza la fuerza del viento.
   Energía hidráulica: Es la energía que utiliza la fuerza del agua de un río.
   Energía nuclear: Es una energía que puede ser peligrosa.
   Energía solar: Es la energía que utiliza el calor del sol.
   Gas natural: Es un combustible que no es ni sólido ni líquido.
   Petróleo: Es un combustible líquido negro y espeso.

2 Yo creo que es una energía estupenda porque es limpia y renovable. El único problema es que se necesita tener buen tiempo – **energía solar**

   Creo que no es una energía muy buena porque si hay un accidente puede haber muchas víctimas – **energía nuclear**

   Es una energía útil pero el problema es que las reservas mundiales se van acabar pronto y necesitamos otro combustible para los coches – **petróleo**

   Me gusta porque es un tipo de energía limpia pero lo que no me gusta nada es que estropea el paisaje de las zonas rurales – **energía eólica**

   No me gusta nada porque el humo que se produce al quemarlo es negro y ensucia los edificios – **carbón**

3 1 El café se ha cultivado a miles de kilómetros de distancia y transportado varias veces.
   2 La leche es de origen animal y criar vacas es pernicioso para el medioambiente.
   3 Sí, porque genera más CO_2.
   4 No, pero se puede reducir.

Soluciones del libro de actividades

4

	V	F
1 La mayoría de la gente sabe que es importante consumir menos energía *Justificación:*	✓	
2 Si queremos podemos no consumir electricidad *Justificación:* "resulta imposible no consumirla"		✓
3 Algunos materiales generan campos eléctricos todo el tiempo *Justificación:* "algunos materiales generan campos eléctricos en respuesta al estrés mecánico"		✓
4 La piezoelectricidad se puede aplicar en muchas situaciones *Justificación:*	✓	
5 Las placas solares en el espacio podrían funcionar de forma constante *Justificación:*	✓	
6 Transportar la energía eléctrica producida en el espacio a la tierra es imposible *Justificación:* "Los científicos están considerando un sistema de microondas"		✓
7 Las bicicletas estáticas pueden producir energía por poco dinero *Justificación:*	✓	
8 Las bicicletas estáticas pueden producir energía para la industria *Justificación:* "se podría utilizar para recargar teléfonos móviles o para la iluminación"		✓

Unidad 5.3 Los problemas de mi ciudad

1. limpio ≠ sucio
   falta ≠ abundancia
   controlado ≠ incontrolado
   espacios verdes ≠ zonas edificadas
   muchos ≠ pocos
   al aire libre ≠ en el interior
   cuidado ≠ descuidado
   grave ≠ poco importante
   local ≠ global
   nadie ≠ todo el mundo

2. 1 No entiendo por qué la gente tira papeles al suelo
   2 En mi ciudad hay muchas pintadas en edificios históricos
   3 La contaminación del aire es un problema muy grande
   4 Creo que la falta de transportes públicos es un problema muy grave
   5 En mi ciudad todo el mundo utiliza el coche demasiado

3. práctica oral

4. a Se empezó a comer chicle en la época de los mayas.
   b Los chicles acaban pegados en las aceras
   c En el centro de muchas grandes ciudades
   d Es difícil y caro
   e Con unas máquinas especiales
   f Contienen muchas bacterias y estas se propagan fácilmente

Unidad 5.4 Cuidemos el medio ambiente

1

Papel y cartón	Plástico	Vidrio	Aluminio	Residuos orgánicos	Desechos no reciclables
Un periódico Un cuaderno viejo Una caja de zapatos	Una botella de limonada	Un vaso roto Un bote de mermelada vacío	Una lata de refresco	La cáscara de un plátano	Unos calcetines rotos Un bolígrafo que no funciona

2. a Yo siempre intento <u>apagar</u> la lámpara de mi escritorio cuando no estoy en mi habitación.
   b Mi hermano tiene muchos <u>malos hábitos</u>, nunca recicla y desperdicia agua todo el tiempo.
   c Muchos jóvenes quieren <u>ahorrar</u> energía pero no saben cómo.
   d Cuando me lavo los dientes siempre cierro el <u>grifo</u> para gastar menos <u>agua</u>.
   e Es importante <u>cambiar</u> algunas malas costumbres que todos tenemos.
   f Separar los <u>desechos</u> y tirar el <u>vidrio</u> en el contenedor adecuado es súper fácil.
   g Una forma fácil de <u>reducir</u> la cantidad de <u>energía</u> que utilizamos es caminar en vez de ir en coche.

3. a No pongas toda la basura en el mismo contenedor.
   b No vayas a todas partes en coche. Muchas veces es más lento que ir andando.
   c No desperdicies agua en la ducha.
   d No hagas cosas que dañen el medio ambiente como tirar basura a los ríos.
   e No seas perezoso y no vayas siempre en coche a todas partes.
   f No malgastes agua al cepillarte los dientes.
   g No tires papeles al suelo.

4   a   Todos

    b   medioambientales y económicos (para nuestros bolsillos)

    c   Usa el lavavajillas o la lavadora sólo cuando estén llenos.
        No friegues bajo el grifo. Llena una pila para enjabonar y otra para aclarar.
        Utiliza el mismo vaso o la misma botella para tomar agua durante todo el día.

    d   Lava las frutas y verduras en una taza y guarda el agua que usas para lavar frutas y verduras y reutilízala para regar tus plantas.

    e   Dúchate en vez de bañarte.
        Intenta reducir el tiempo de la ducha.
        Cierra el grifo al lavarte los dientes.
        No tires papel al.

    f   Si necesitas dejar el grifo o la regadera abiertos para tener agua caliente, coloca un recipiente debajo y guarda el agua para regar las plantas.

    g   respuesta personal

    h   respuesta personal

5   respuesta personal

Unidad 6.1 La vida en otros países

1   respuesta personal

2   respuesta personal

3   a   Francia   b   Gran Bretaña   c   Alemania
    d   Colombia   e   Japón   f   Australia
    g   Suecia

4   a   Has traído   b   he ido, ha gustado
    c   he abierto   d   He recibido
    e   He visto   f   han dicho
    g   has hecho, has puesto   h   ha roto

5   a   Antonio se mudó hace dos años a Los Angeles.

    b   Al principio la vida de Antonio en los Estados Unidos fue un poco difícil ya que para moverse por la ciudad de Los Angeles tenía que conducir todo el tiempo.

    c   Se adaptó bien. No fue un problema.

    d   La profesión de Antonio era la de agente de viajes.

    e   Consistía en dar consejos sobre el papeleo de los pasaportes, las visas o los lugares turísticos que podían visitar.

    f   Los inviernos californianos eran suaves, como los de Monterrey y los veranos también.

    g   Alicia.

    h   Pasado un tiempo los dos decidieron irse a vivir a las afueras de Los Ángeles en una casa con piscina y un pequeño jardín.

    i   Con el apodo los californianos.

Unidad 6.2 Comida, tradiciones y costumbres

1   Los burritos son de México
    Las empanadas son de Argentina
    El ceviche es de Perú
    La feijoada es de Brasil
    La paella es de España

2
```
C . . . . . . . . . . . . . . . . . .
B A . . . . . . . . . . . . . . . . .
. U M . . . P R . . . . . . . . . . .
. . R A . . . A . . . . . . . . . . .
. . . R R . . P E . . . . . . . . . C
. . . I O . E . L . . . . . . . P E .
. . . . T N . . L . . . . . . . O V .
. . . . . O E . . A . . . . . . L I .
. . . . . . S S . . . . . . . . L C .
. . . . . . . . . . . . . . . . O H .
. . . . . . . L A N G O S T A . . . E
. . . M A R I S C O . . . . . . . . .
```

Word directions and start point are formatted: (Direction X, Y)
BURRITOS (SE, 1, 2)   LANGOSTA (E, 7, 11)   POLLO (S, 17, 6)
CAMARONES (SE, 1, 1)   MARISCO (E, 4, 12)   RAPE (S, 8, 3)
CEVICHE (S, 18, 5)   PAELLA (SE, 7, 3)

3   práctica oral

4   respuesta personal

5   helados de vainilla, de chocolate, de fresa, de frambuesa, de limón. La pizza, la pasta, la polenta, el risotto, las focaccias, la ciabatta, los panini, el pan toscano, quesos como por ejemplo el gorgonzola, la mozzarella y el ragusano. Postres: el helado, el tiramisú, los sorbetes, la macedonia, los profiteroles.

6   a   está lloviendo   b   hace frío
    c   llueve   d   hacía viento
    e   Nevaba   f   estuvo/estaba nublado

Unit 6.3 Redes sociales y tecnología

1. Objeto: portátil, tableta, móvil, ordenador
   Acción: chatear, escribir un correo electrónico, subir fotos a una red social

2. ¿Qué puedes hacer con un portátil?: chatear, escuchar música, leer el correo, hablar por Skype, hacer multitasking, copiar fotos, montar vídeos, jugar a videojuegos, hacer los deberes, mirar una película

3. práctica oral

4. Ventajas: comprar por internet, cultura, conexión social, trabajo en grupo
   Desventajas: multitasking, distracción, inseguridad, estrés

5. a tuvieran/tuviesen. b nadáramos/nadásemos.
   c hiciera/hiciese   d desayunárais/desayunáseis
   e vinieras/vinieses   f dibujara/dibujase

Unidad 6.4 El mundo internacional

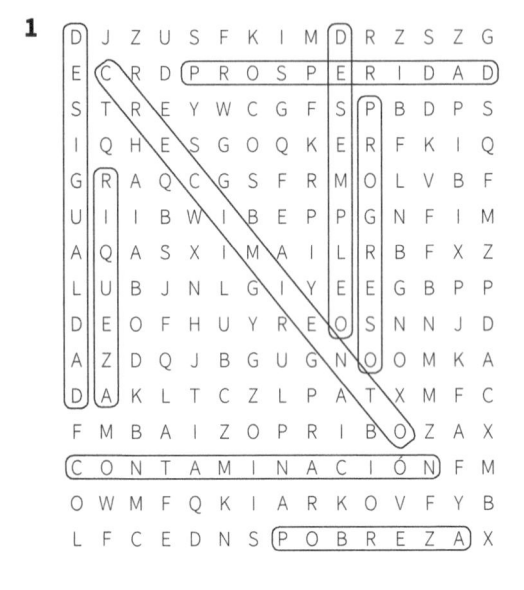

1. [word search puzzle with words: PROSPERIDAD, CONTAMINACIÓN, POBREZA, and others]

2. Ventajas: Estamos conectados todo el día y esto es bueno ya que nos permite estar abiertos al mundo. Hay libre intercambio de información y esto me encanta. La economía es muy veloz gracias a las nuevas tecnologías. Los móviles y la red han cambiado las relaciones sociales entre los jóvenes

   Desventajas: La economía globalizada lleva a la pobreza a muchos países. El medio ambiente sufre con la globalización. Los sueldos en muchos países siguen siendo muy bajos. El calentamiento global debido a la produccción globalizada es un problema muy grande.

3. Los problemas del medio ambiente en nuestro mundo son evidentes. La contaminación automovilística de nuestras ciudades nos lleva a un aire contaminado que es muy malo para la salud de sus habitantes. Es importante utilizar métodos de transporte público y potenciar el uso de la bicicleta. Ir en coche por la ciudad no es la mejor solución. Otras soluciones para mejorar el medioambiente pasan por el reciclaje y ahorrar en el uso del agua y la electricidad. Es importante que todos luchemos por cuidar nuestro mundo.

4. a guerra   b epidemia
   c derechos humanos   d energía nuclear
   e terremoto   f desempleo
   g incendios forestales h efecto invernadero
   i inmigración

5. a la que   b cuya   c con quien
   d cuyo   e sobre la cual f Lo que

6. Posibles soluciones: Para evitar el desempleo hemos de crear más trabajo, para evitar la polución hemos de utilizar más la bicicleta, para evitar el efecto invernadero hemos de ir en transporte público, para evitar el uso de la energía nuclear hemos de utilizar las energías verdes

Cambridge IGCSE Spanish as a Foreign Language